"南粤品质工程"理念与实践系列丛书

管理篇

广东省南粤交通投资建设有限公司 主编

人民交通出版社股份有限公司
China Communications Press Co.,Ltd.

内 容 提 要

本册为《"南粤品质工程"理念与实践系列丛书》的管理篇,主要介绍"南粤品质工程"管理体系下的各项管理措施。通过对原有工程建设管理体系进行导向性重构,以制度为引领,构建以品质管理为核心的开放融合的管理平台和管理保障机制。

本书可供工程技术人员和管理人员参考。

图书在版编目(CIP)数据

"南粤品质工程"理念与实践系列丛书. 管理篇 / 广东省南粤交通投资建设有限公司主编. — 北京:人民交通出版社股份有限公司, 2019.11
　ISBN 978-7-114-16034-9

Ⅰ. ①南… Ⅱ. ①广… Ⅲ. ①道路工程—道路建设—研究—广东 Ⅳ. ①U41

中国版本图书馆 CIP 数据核字(2019)第 253630 号

Nanyue Pinzhi Gongcheng Linian yu Shijian Xilie Congshu　Guanli Pian

书　　　名:	"南粤品质工程"理念与实践系列丛书　管理篇
著　作　者:	广东省南粤交通投资建设有限公司
责任编辑:	韩亚楠　郭红蕊
责任校对:	张　贺
责任印制:	张　凯
出版发行:	人民交通出版社股份有限公司
地　　　址:	(100011)北京市朝阳区安定门外外馆斜街 3 号
网　　　址:	http://www.ccpress.com.cn
销售电话:	(010)59757973
总　经　销:	人民交通出版社股份有限公司发行部
经　　　销:	各地新华书店
印　　　刷:	北京市宇星舟科技印刷有限责任公司
开　　　本:	787×1092　1/16
印　　　张:	5.25
字　　　数:	94 千
版　　　次:	2019 年 11 月　第 1 版
印　　　次:	2020 年 4 月　第 3 次印刷
书　　　号:	ISBN 978-7-114-16034-9
定　　　价:	80.00 元

(有印刷、装订质量问题的图书由本公司负责调换)

丛书顾问委员会

主 任 委 员：周　伟
副主任委员：翁优灵　贾绍明　黄成造　刘晓华　曹晓峰　童德功
　　　　　　张劲泉　李爱民　王红伟
委　　　员：陈明星　刘永忠　兰恒水　李卫民　鲁昌河　张家慧

丛书编审委员会

主 任 委 员：刘晓华
副主任委员：曹晓峰　童德功　兰恒水　李卫民　鲁昌河　张家慧
　　　　　　职雨风　尹良龙　夏振军　张　栋　邱　钰　朱　方
　　　　　　潘奇志　陈子建　乔　翔　姚喜明　程寿山
委　　　员：陈　红　陈　记　孙家伟　余长春　王文州　刘世宁
　　　　　　胡　健　黄锡辉　何际辉　刘　炟　李史华　杨少明
　　　　　　林　楠　何晓圆　王啟铜　邱新林　叶　勇　张国炳
　　　　　　黄少雄　苏堪祥　张　利　李　斌　肖　鹰　张连成
　　　　　　唐汉坤　薛长武　章恒江　彭学军　李　凯　吴育谦
　　　　　　吴俊强　甄东晓　金明宽　曹春祥　和海芳

本册编委会

主　　编：夏振军
副 主 编：孙家伟　陈　红　王文州　肖富昌　程寿山
编写人员：李史华　黄锡辉　刘世宁　胡　健　杨少明　林　楠
　　　　　陈沃浩　王安怀　刘　刚　和海芳　丁　罕　邱新林
　　　　　叶　勇　张国炳　黄少雄　苏堪祥　张　利　李　斌
　　　　　肖　鹰　张连成　唐汉坤　薛长武　章恒江　彭学军
　　　　　李　凯　吴育谦　吴俊强　甄东晓　金明宽　曹春祥

PREFACE

交通是兴国之要、强国之基。党的十九大明确指出,建设质量强国、交通强国,把提高供给体系质量作为主攻方向。2019年9月,中央正式发布的《交通强国建设纲要》,明确提出了推动交通发展由追求速度规模向更加注重质量效益转变,由各种交通方式相对独立发展向更加注重一体化融合发展转变,由依靠传统要素驱动向更加注重创新驱动转变,打造一流设施、一流技术、一流管理、一流服务的要求,为我国未来三十年交通发展擘画了宏伟蓝图和指明了奋斗方向。

推进交通运输"品质工程"建设,就是顺应新时代、新任务、新要求的现实之举,是在工程建设领域贯彻落实《交通强国建设纲要》的必然要求。它的核心要义是将交通基础设施建设的提质增效和转型升级作为主攻方向和动力源泉,以质量变革为主体、效率变革为主线、动力变革为基础,在建设理念、管理举措、技术进步方面有新作为,在工程质量、安全、可持续发展方面取得新成效,全面实现交通运输基础设施建设的转型升级和高质量发展,进而实现由交通大国向交通强国的转变,加快建成人民满意、保障有力、世界前列的交通强国,为全面建成社会主义现代化强国、实现中华民族伟大复兴中国梦当好先行。

交通运输的高质量发展,首先是基础设施工程项目的高质量建设。改革开放以来,我国交通基础设施建设经历了40多年的发展,建成了一批在世界范围内具有影响力的跨海(江)桥梁、长大隧道、大型沿海港口工程,也积累了大量工程建设和管理经验，在工程建设方面已具备了再上新台阶的基础条件。"品质工程"继承和丰富了现代工程管理的理念和内涵，追求工程内在质量和外在品质的有机统一，是一个站在新的历史起点上推进交通建设工程质量转型发展的有力举措，是公路水运建设工程转入高质量发展的序曲和基础支撑。

广东省南粤交通投资建设有限公司主动把握工程建设发展的新趋势，率先开展了"南粤品质工程"创建活动。经过3年多的实践探索，形成了"高质量理念、高质量管理、高质量产品、高质量服务"的南粤品质特色。在实践过程中，桩基标准化、路基标准化、房建标准化作为标准化设计的重要组成部分，丰富和完善了广东省标准化设计体系，促进了工程建设标准化工作的发展。优质优价、优监优酬、双标管理、首件工程制、五赛五比等举措逐一落实，提高了项目建设管理水平。植被修复、废渣利用、"永临结合"等节能减排、生态环保技术的应用，革新了建设理念，推动了绿色发展。数百项微创新成果改进了现有工艺、设备，汇聚了集体智慧，弘扬了工匠精神，提高了生产效率，提升了工程质量。服务设施的人性化、路政管理的标准化、运维养护的数字化，全面提升了营运服务水平。总的来说，广东省南粤交通投资建设有限公司在"品质工程"创建过程中积极探索、勇于创新，付出了艰辛努力，取得了显著成效，展现了良好风采。

《"南粤品质工程"理念与实践系列丛书》就是"南粤品质工程"创新成果的系统总结，从建设理念、设计、管理、质量、创新、绿色、安全、服务、展示等九个方面，全面反映了"南粤品质工程"的创建过程和经验体会，内容丰富、形式新颖、针对性强、推广价值高，可为建设"平安百年品质工程"提供重要的参考与借鉴。开卷有益，我们期待着广大交通工程建设的从业者都能积极地行动起来，主动作为、积极探索、广泛交流、共同努力，不断提升技术、管理和服务，推动交通基础设施高质量发展，促进交通工程项目品质工程建设再上新的台阶。

交通运输部总工程师
2019年10月

跨过山海江河，只为"品质工程"
——记《"南粤品质工程"理念与实践系列丛书》

《"南粤品质工程"理念与实践系列丛书》（以下简称《丛书》）记载了南粤交通人在"品质工程"道路上的汗水和艰辛，见证了南粤交通人在推进高速公路高质量发展道路上的不断提升和超越！

广东省南粤交通投资建设有限公司（以下简称"省南粤交通公司"）于党的十八大之后成立。在那段时期，党和国家的各项事业取得了重大成就，社会面貌发生了深刻变革；彼时的广东，正紧紧围绕习近平总书记在广东考察工作时提出的"三个定位、两个率先"的总目标，不断优化区域协调发展空间布局，举全省之力推进粤东西北地区振兴发展；彼时的南粤交通人，毅然决然地在广东省交通基础设施建设道路上，在"加快高速公路建设,助力粤东西北发展"的高速公路建设大会战战场上，扛起了广东省政府还贷高速公路建设发展的大旗，不断前行。2017年10月，在党的十九大召开前夕，省南粤交通公司站在新时代的门槛上，再一次迎来历史性的发展跨越——经过与广东省交通集团有限公司完成重组改革，在企业发展之路上实现了华丽蝶变。在以"高质量发展"为主旋律的新时代公路建设发展浪潮中，该公司于2017年、2018年分别实现了高速公路高质量通车的企业管理目标，连续2年的通车总里程占全省2年通车总里程的82%；为广东省构建区域平衡、协调发展新格局，助力脱贫攻坚，做出了行业贡献；为广东省高速公路总里程突破9000km、连续5年居全国第一，贡献了"南粤力量"。

省南粤交通公司肩负着约2000km政府还贷高速公路建设营运管理的重任，项目建设总投资额约为2400亿元，新开工高速公路约1618km，占广东省同期新开工高速公路总里程的37%，项目覆盖广东省19个地级市。新开工建设的项目中，有广东省高速公路建设史上单独立项线路里程最长的项目——汕昆高速龙川至怀集段（全长366km），有粤港澳大湾区的重大工程项目——港珠澳大桥珠海连接线，有全省最长的高速公路隧道——金门隧道，还有拱北隧道、通明海特大桥等一大批跨海、跨江、跨河、跨山通道……项目规模庞大，工程技术复杂，施工难度高。

依托上述体量庞大的建设项目集群，省南粤交通公司在积极探索高速公路建设管理现代化管理体系的道路上，以广东省先行先试，以"弘扬现代工匠精神，打造南粤品质工程"为主题，开启了"南粤品质工程"创建活动的新征程。《丛书》全面介绍了"南粤品质工程"的发展脉络，凝聚了南粤交通人在谋求高品质发展道路上的集体思考；体现了"南粤品质工程"以技术为引领，以人为本，以自然为载体，以长寿命安全为目的的高品质高速公路建设体系；有理念与管理，有质量与安全，有设计与创新，有绿色与服务，有全方位、多维度的成果展示，还有南粤交通人对当前公路建设发展的审视和对未来的展望，彰显了省南粤交通公司"大道为公"的内涵。

这套《丛书》既是省南粤交通公司建设工作的总结，也是和国内外同行交流沟通的平台，既可为同类项目建设提供参考，也可为下阶段行业开展"平安百年品质工程"提供借鉴。希望广大公路建设者充分交流、不断总结实践经验，努力推进高速公路建设发展再上新台阶！

广东省交通集团有限公司总经理
2019年9月

FOREWORD

  如何把共同的理念转化为统一的行动？探索一套先进适用的组织管理体系是品质工程的客观需要，也是"南粤品质工程"建设应有之意义。

  管理是实现理念的工具，也是实现目标的过程。管理工作与方法决定了管理的成效，因此打造好的管理品质实际上就是形成更合理、更完善的管理机制，包括所有为实现"南粤品质工程"最终成果而制订的管理制度、办法、文件、决策等。

  "南粤品质工程"在创建道路上，打破了以往常规的工程管理体系，以目标需求为导向，对原有管理体系进行重构，突显以客户为中心、各方融合的工程建设管理开放式平台模式。

  本册系统论述了"南粤品质工程"的管理实践，全面展现了广东省南粤交通投资建设有限公司依托建设及营运项目，以发展为中心形成的现代公路品质管理体系。

作　者
2019年9月

第一章　绪论 01

第一节　交通运输质量管理 03
第二节　我国公路工程质量管理发展历程 04

第二章　品质工程与南粤品质管理 09

第一节　品质工程 10
第二节　广东省公路建设品质管理特色 11
第三节　南粤品质管理 17

第三章　导向性重构管理体系 21

第一节　以客户需求为中心 22
第二节　重构组织体系 24

第三节　新型的伙伴关系 ·· 24
第四节　开放融合的平台 ·· 31

第四章　创造性推进品质工程　35

第一节　顶层引领，统筹服务项目品质建设 ······································· 36
第二节　集成创新，实现品质工程落地 ··· 39

第五章　典型案例——仁博项目　51

第一节　项目概况 ·· 52
第二节　品质创建措施 ··· 53
第三节　品质创建成效 ··· 58

第六章　结语　61

附录　制度汇编　63

第一节　广东省南粤交通投资建设有限公司制度汇编 ······················· 64
第二节　仁博项目仁新段管理制度汇编、工程建设标准化
　　　　管理手册和图册 ·· 67

第一章

绪论

"管理是一个过程,通过它,大量互无关系的资源得以结合成为一个实现预定目标的总体。"

——佛里蒙特·卡斯特(美国华盛顿大学西雅图分校教授)

"大成功靠团队,小成功靠个人。"

——比尔·盖茨(曾任微软董事长、CEO和首席软件设计师)

"管理是建立内部秩序,严格的内部秩序纪律是企业成长的必要条件。"

——任正非(华为技术有限公司创始人)

20世纪以来,人类的管理活动开始进入现代管理阶段。现代管理是在科学指导下的科学管理,是一种融合现代社会科学、自然科学和技术科学的新型管理。在管理思想方面,它确立了战略观念、市场观念、竞争观念、时间观念、效益观念和全局观念,强调人在管理中的作用;在管理组织方面,它奉行统一指挥、集权和分权相结合、全员管理等一系列组织原则,强调对外界环境适应的重要性;在管理方法方面,它运用目标管理、价值工程、统筹法、优选法、决策技术、线性规划等现代管理方法,强调决策对管理成效的重要意义;在管理手段方面,它采用包括电子计算机、云计算、大数据、互联网+在内的各种先进管理手段,强调信息处理的重要性。

质量管理是管理学的重中之重。通俗来讲,质量管理是指为了实现打造更好产品质量的目标而进行的所有管理性质的活动。在工业革命之前,产品的质量由各个工匠或手艺人自行控制。20世纪50年代,威廉·爱德华兹·戴明指出,大多数产品质量问题是生产和经营系统的问题,并提出了对质量管理产生重大影响的"戴明十四法"。20世纪60年代初,约瑟夫·M.朱兰、阿曼德·费根堡姆等人提出,为了生产出具有合理成本和较高质量的产品以适应市场的要求,只注意个别部门的活动是不够的,需要对覆盖所有职能部门的质量活动进行策划。之后,以美国、日本为引领,越来越多的国家开始重视产品质量。质量管理不仅被引入生产企业,而且被引入服务业,甚至进入医院、机关和学校。20世纪90年代末,许多世界级企业的成功经验证明,全面质量管理是一种使企业获得核心竞争力的管理战略。全面质量管理不仅提高了产品与服务的质量,而且在企业文化改造与重组的层面上对企业产生深刻地影响,使企业获得持久的竞争能力。

以华为公司为例,华为公司通过树立以客户为中心、全员参与的质量文化,构筑优质的产品和服务、持续改进、追求卓越的质量管理体系,成为业界翘楚。华为公司合理规划企业质量管理体系的中长期目标,包括:瞄准业界最佳,倾听、理解和满足客户需求,持续提升客户满意度;提高全流程质量能力,一次性把事情做好,降低质量损失成本,增加公司利润;持续推动质量管理在公司全业务、全流程、全地域的贯通,并实现与客户流程的无缝对接,逐步构建完整、高效、全球化的端到端质量管理体系架构;在保证卓越的产品质量前提下追求零偏差交付,力争达到业界最佳的项目周期和产品可用度。

第一节 交通运输质量管理

党的十九大作出我国社会主要矛盾已经转化为人民日益增长的美好生活需要和不平衡不充分的发展之间的矛盾这一重大论断,指出我国经济已由高速增长阶段转向高质量发展阶段,我国经济正处在转变发展方式、优化经济结构、转换增长动力的攻关期。党的十九大提出了建设现代经济体系的战略目标,确定了必须坚持质量第一、效益优先的原则,明确了以供给侧结构性改革为主线,推动经济发展质量变革、效率变革、动力变革的总体思路,提出了建设质量强国的战略任务,对新时代质量工作提出了更高要求。

交通运输行业是我国国民经济和社会发展的战略性、先导性、服务性和基础性行业。质量发展是交通运输事业发展的重要基础,也是事业发展的根本目标。没有高质量的基础设施,将难以支撑国家重大战略的实施,行业自身发展也难以持续。没有高质量的运输服务,就不能满足人民群众日益增长的交通运输需求。没有高质量的现代装备,我国在世界上就没有较大的影响力和较重的话语权,就将丧失国际市场竞争优势。

党的十八大以来,在以习近平同志为核心的党中央领导下,我国交通运输事业取得重大成就,基础设施网络规模、运输服务保障能力稳居世界前列,科技创新达到世界先进水平,现代治理能力大幅提升。经过不懈努力,我国交通运输进入高质量发展阶段,高速铁路、高速公路、特大桥隧、深水筑港、大型机场工程等建造技术达到世界先进水平;沪昆高铁、港珠澳大桥、洋山深水港、北京新机场等一批超级工程震撼世界;高速列车、C919 大型客机、振华港机、新能源汽车等一批自主研制的装备成为"中国制造"的新名片;互联网、大数据、云计算、北斗导航系统等信息通信技术在交通运输领域广泛应用,综合交通运输服务水平显著提升,形成了较为完备的计量、标准、检验检测、认证认可体系,交通运输质量基础更加坚实。

党的十九大作出了建设质量强国、交通强国的决策部署,是以习近平同志为核心的党中央在新的历史方位作出的重大决策部署,也是党和人民赋予交通运输行业的新使命。建设交通强国,既要对标国际一流,实现交通运输自身能力大幅提升,综合实力达到世界领先,又要有效支撑民富国强,全面适应并引领经济社会发展,有效满足人民日益增长的美好生活需要,支撑社会主义现代化强国建设。建设交通强国,必须实现由规模速度型发展向质量效率型发展的历史性转变,贯彻新发展理念,全面深化行业供给侧结构性改革,

以提升供给质量为主攻方向,通过补短板、提品质、强服务、优环境,推动质量变革,促进转型升级,提升行业发展质量和效益,全面实现交通运输现代化。

第二节 我国公路工程质量管理发展历程

我国高速公路建设起步较晚,对项目质量管理的认识也经历了一个从无到有、由浅入深的持续发展过程。从 20 世纪 80 年代起,全国公路交通系统坚持解放思想、实事求是的作风,学习借鉴国外先进理念和经验的同时,结合我国国情和实际,认真研究不同时期公路建设规律和特点,提出符合我国高速公路发展实践的质量管理理念和思路,为我国高速公路规模的不断扩大和发展质量的不断提升提供了有效指导。

一、我国公路工程质量管理理念的初步探索与发展

1988 年上海至嘉定高速公路建成通车,结束了我国大陆没有高速公路的历史;1990 年,被誉为"神州第一路"的沈大高速公路全线建成通车,标志着我国高速公路发展进入了一个新的时代;1992 年,交通部制订了"五纵七横"国道主干线规划并付诸实施,从而为我国高速公路持续、快速、健康发展奠定了基础;到 1997 年年底,我国高速公路通车里程达到 4771km,10 年间年均增长 477km。在这十年间,除了高速公路建设的多项重大技术瓶颈得以突破,我国交通建设者初步积累了设计、施工、监理和运营等建设和管理全过程的经验,并在质量管理方面提出"百年大计,质量第一"等口号,彰显出我国交通建设者在探索高速公路伊始就非常重视建设质量以及相关管理过程。

1998 年,为应对亚洲金融危机,国家实施了积极财政政策,加快了基础设施建设步伐。交通行业按照国家的统一部署,加大了公路建设力度。从 1998 年至 2005 年,高速公路建设进入快速发展时期,年均通车里程超过 4000km,年均完成投资 1400 亿元。2002 年底,我国高速公路通车里程一举突破 2.5 万 km,位居世界第二位,2004 年底超过 3 万 km。随着高速公路的不断延伸,高速公路带来的社会效益逐步显现,人民对高速公路服务品质有了越来越高的要求,质量管理的内涵也随之发生变化:从早先的注重工程建设期质量管理,发展到开始提倡将高速公路产品化、追求产品高品质的全方位管理,公路建设质量管理理念也随之不断地推陈出新。

二、设计管理理念提升——"六个坚持、六个树立"

2004 年 9 月 25 日至 26 日,交通部在南京召开全国公路勘察设计工作会议。会议强

调,在交通发展的新理念上,公路勘察设计工作要坚持以发展为主题,以树立和落实科学的发展观为前提,以实现交通新的跨越式发展为目标,以提升勘察设计理念为先导,以提高勘察设计水平为主线,以科技进步和技术创新为动力,进一步深化改革,加强管理,完善措施,规范市场,全面提高公路勘察设计质量,努力开创新局面。在交通发展的新理念方面,勘察设计工作必须做到"六个坚持、六个树立"。

(一)坚持以人为本,树立安全至上的理念

在公路建设中体现"以人为本"的要求,就要改变"建设就是发展"的传统观点,坚持把"用户需求置于公路工作的核心",树立"用户第一,行者为本"的新理念,把不断满足人们的出行需求和促进人的全面发展,作为交通工作的最终目的。

在人的诸多需求中,安全是首要因素。改善公路线形,完善交通设施,对预防交通事故、提高行车安全具有积极作用。在工程设计中,勘察设计工作应综合考虑公路功能、行车安全、自然环境等因素,既要坚持地形选线、地质选线,更要做到安全选线;既要充分考虑公路设施的自身安全和运营安全,又要消除公路事故多发点和安全隐患;要尽量采用改善平纵线形的措施,从根本上解决行车安全问题,尤其要对长陡纵坡行车安全问题给予足够的重视。

(二)坚持人与自然相和谐,树立尊重自然、保护环境的理念

在公路建设过程中,要树立"不破坏就是最大的保护"的理念,坚持最大限度地保护、最小程度地破坏、最强力度地恢复,使工程建设顺应自然、融入自然。要把工程防护与生态防护结合起来,把设计作为改善环境的促进因素,摒弃先破坏、后恢复的陋习,实现环境保护与公路建设并举、公路发展与自然环境相和谐,努力建成环保之路、景观之路、生态之路。

(三)坚持可持续发展,树立节约资源的理念

公路建设决不能以浪费土地、破坏资源环境为代价。要坚持"统筹规划、合理布局、远近结合、综合利用"的原则,正确处理适当超前与可承受能力的关系,合理利用线位资源,确定合理的路线方案,避免重复建设或工程衔接不合理造成的资源浪费;合理确定建设规模,以满足功能为主要目标,不片面追求不符合实际需要和经济能力的高标准,不建盲目追求政绩的形象工程,不搞不切实际的贪大求洋;合理确定建设方案,能利用老路进行改扩建的不要新建,确需新建的要尽量避免占用耕地良田。在满足功能要求的前提下,合理采用技术指标。

(四)坚持质量第一,树立让公众满意的理念

公路规划及勘察设计阶段要充分考虑区域社会经济的发展要求,从实际出发,尽可能

满足绝大多数人民群众的利益要求。公路选线应尽量避开村镇和环境敏感建筑物,尽量避免由于公路阻隔影响居民往来、农耕和水资源利用,尽量避免大规模的拆迁安置,并要充分体现国家安置补助政策。农用通道要保证排水通畅、使用方便。

(五)坚持合理选用技术指标,树立设计创作的理念

要正确理解和执行标准、规范,切忌不分强制性标准还是推荐性标准,照抄照搬。要加强总体设计工作,充分考虑地区之间、不同地理条件之间的发展差别和不同情况,坚持针对工程项目所处的自然、地理、地质条件的特点,尊重每一个区域的特殊性和差异性,在满足安全性、功能性条件下,通过对工程方案和技术经济等方面进行比选,科学确定技术标准,合理运用技术指标。同时,要以追求自然、朴实为导向,强化景观设计。

(六)坚持系统论的思想,树立全寿命周期成本的理念

要树立全寿命周期成本的理念,在可能的条件下,宁可先期投入大一些,也要减少后期养护费用,延长使用寿命,从而减少交通干扰,提高综合服务能力。另一方面,要坚持从国情出发,从实际需要出发,不盲目追求我们力所不能及的高指标、高要求,继续倡导科学合理的经济设计理念,用好每一分建设资金。要增加成本意识,采用合理的工程规模、技术标准和建设方案,在确保安全和使用功能的前提下,努力降低工程造价,节约工程投资。还要积极采用新材料、新工艺、新技术、新设备,通过提高技术含量,达到最佳的技术经济效益。

三、工程管理理念提升——"五化"管理

2010年8月17日至19日,交通运输部在厦门召开全国公路建设座谈会。座谈会充分肯定了全国公路建设取得的新成就,客观分析了公路建设面临的形势,要求站在新的起点上,推动建设项目管理上台阶、上水平;用开阔的眼光,学习借鉴国际先进经验,在理念创新、政策创新和体制机制创新上多下功夫,要在推动"五化"上下功夫,即"发展理念人本化、项目管理专业化、工程施工标准化、管理手段信息化、日常管理精细化"。会议要求以"五化"为引领,加快推行现代工程管理,全面提高公路质量和建设管理水平。

(一)发展理念人本化

正确理解科学发展观的深刻内涵,坚持以人为本,就是要贯彻人本化核心理念,按照做好"三个服务"的要求,创造和谐的工作环境,尊重劳动者,增强其归属感。将劳务作业层纳入用工企业的一体化管理,将满足人的发展、调动人的积极性、突出人的创造性作为

建设管理的核心思想,全面提高企业职工和一线施工人员素质。具体表现在:工程设计阶段,充分考虑社会发展和环境保护的需要,注重公路建设与自然环境的和谐统一;工程施工阶段,高度关注安全生产,保证参建人员的人身安全,维护劳动者的合法权益;公路运营阶段,进一步拓宽服务领域,丰富服务内涵,为用路者提供安全、便捷、舒适的行路条件。

(二)项目管理专业化

项目管理专业化是现代大型工程建设项目的基本特征,包括两个层面:

(1)深化工程建设管理模式改革,强化建设单位专业化管理能力,要求主导工程建设的建设单位管理能力必须实现专业化。项目建设管理单位作为工程项目的组织者、协调者和集成者,对于项目建设的成败起着决定性作用。他们所具备的专业技能素质,对工程质量优劣标准的把握,对项目建设目标的认定,都决定了建设项目的最终结果。

(2)健全专业化分包管理制度,加强分包管理,推进施工作业层面专业化。在建设项目专业分工越来越细、技术要求越来越高的条件下,要实现对项目管理的投资控制、进度控制、质量控制和安全管理、合同管理、信息管理的要求,需要根据项目建设规模和技术难易程度组建专业化的组织管理机构,需要加强不同专业的技术人员和管理人员的合理配置。由专业的人干专业的事,提高专业化施工能力。

(三)工程施工标准化

没有规矩不成方圆,标准就是规范建设行为和管理行为的规矩和尺度。标准化施工是达到精细化施工目的的保证条件。只有通过统一的技术标准、管理标准和检验标准,才能打造统一、规范、有序的施工标准体系,进而实现对过程、安全、质量、工期的有效控制。"标准成为习惯,习惯符合标准,结果达到标准",这是解决当前建设任务日益繁重与管理力量相对有限这一矛盾的好办法,也是抓好质量、安全、工期和廉政的有效途径。立足于推进工程现代化组织模式,积极推广工厂化生产、装配化施工,将工地变为工厂,将构件作为产品;着力推进施工工艺标准化、作业程式化,采用标准的工艺流程,减少操作失误;实现管理模式体系化、施工场站建设规范化,做到管理要素不遗漏,逐步推进工程建设向产业化方向发展。

(四)管理手段信息化

通过广泛应用信息技术、网络技术和通信技术,搭建管理信息平台,实现管理过程的全面控制,达到规范管理流程、提高管理效能、降低管理成本的目的。同时,也要充分利用信息技术手段,加快市场信用体系建设,实现对公路建设从业单位的管理与服务。面对繁重的建设任务和信息化技术的快速发展,在高速公路建设中全面推行信息化技术是进一步提升管理水平、提高工作效率的重要手段和必然趋势。目前管理信息化建设主要体现在两个方面：探索"互联网+交通基础设施"发展新思路，推进大数据与项目管理系统深度融合，逐步实现工程全寿命周期关键信息的互联共享；推进建筑信息模型（BIM）技术，积极推广工艺监测、安全预警、隐蔽工程数据采集、远程视频监控等设施设备在施工管理中的集成应用，推行"智慧工地"建设，提升项目管理信息化水平。

（五）日常管理精细化

以精益建造为宗旨，倡导工匠精神，追求产品完美，关注过程，注重细节，保证每个施工环节受控，每个施工细节都符合标准。其中，注重细节、立足专业、科学量化，是精细化管理的三大原则；精、准、细、严，是精细化管理的四大要求。提倡日常管理精细化，就是要以建设精品工程、推行精细化管理、开展精细化控制为载体，促进建设各方把粗活做细、把细活做精，保证工程局部和细节都满足技术要求。力争建立"实施有标准、操作有程序、过程有控制、结果有考核"的标准化管理体系。

（六）"双标"管理

在公路建设品质管理方面，广东省在2010年于全国首倡并在全省范围大力推广"双标管理"（标准化管理、标杆管理），以统一相关设计标准和原则、施工工艺和材料要求，提高工程设计质量和效率，消除质量通病，提升施工标准化、预制化的水平，加快施工效率，促进工程质量的提高。此外，广东省积极参与我国品质管理顶层设计，例如：参与我国《高速公路施工标准化指南》的编制，主编工地分册；参与品质工程攻关行动，牵头开展"两区三厂"施工安全标准化攻关行动，草拟了《"两区三厂"建设安全标准化指南（征求意见稿）》；协助开展施工班组规范化管理攻关行动；参与"平安百年品质工程"建设研究推进工作，主要参与桥梁工程相关的研究工作。

为全面贯彻落实党的十九大精神，落实习近平总书记对广东"四个走在全国前列"和视察广东重要批示指示精神，加快推进广东省高速公路管理现代化建设和可持续发展，全面提升高速公路建设管理水平和服务质量，以推动"双标管理"为抓手，创建高速公路"五赛五比"为重点，全面推行现代工程管理的实际，广东省推行了一系列重要举措以完善高速公路建设管理体系、努力推动高速公路建设管理现代化。

第二章

品质工程与南粤品质管理

第一节 品 质 工 程

2017年9月,《中共中央国务院关于开展质量提升行动的指导意见》中明确指出,以提高发展质量和效益为中心,将质量强国战略放在更加突出的位置,开展质量提升行动,加强全面质量监管,全面提升质量水平;开展高端品质认证,推动质量评价由追求"合格率"向追求"满意度"跃升。党的十九大报告明确指出坚持质量第一,效益优先,以供给侧结构性改革为主线,推动经济发展质量变革、效益变革、动力变革。这些重要要求,从全局和战略高度指明了公路水运工程质量提升的主要目标和努力方向。

交通运输部提出"打造品质工程"的建设目标,既推动了工程质量安全水平的跃升,更是一次理念的转变。"打造品质工程"是公路水运建设贯彻落实五大发展理念和建设"四个交通"的重要载体,是深化交通运输基础设施供给侧结构性改革的重要举措,是今后一个时期推动公路水运工程质量和安全水平全面提升的有效途径,是推进实施现代工程管理和技术创新升级的不竭动力,对进一步推动我国交通运输基础设施建设向强国迈进具有重要意义。品质工程是践行现代工程管理发展的新要求,追求工程内在质量和外在品位的有机统一,以优质耐久、安全舒适、经济环保、社会认可为建设目标的公路水运工程建设成果。

在提升工程管理水平方面,品质工程提出了一系列具体目标:

推进建设管理专业化。深化工程建设管理模式改革,强化建设单位专业化管理能力建设。健全专业化分包管理制度,加强分包管理,着力提高专业化施工能力。鼓励应用质量、健康、安全、环境四位一体管理体系(QHSE管理体系),推进管理标准化。

推进工程施工标准化。立足于推进工程现代化组织管理模式,积极推广工程化生产、装配化施工,着力推进施工工艺标准化,施工管理模式体系化,施工场站建设规范化,逐步推进工程建设向产业化方向发展。

推进工程管理精细化。倡导工程全寿命周期集成化管理,强化主体结构与附属设施的施工精细化管理,推动实施精益建造,提升工程整体质量。建立"实施有标准、操作有程序、过程有控制、结果有考核"的标准化管理体系。

推进工程管理信息化。探索"互联网+交通基础设施"发展新思路,推进大数据与项目管理系统深度融合,逐步实现工程全寿命周期关键信息的互联共享。推进建筑信息模型(BIM)技术,积极推广工艺检测、安全预警、隐蔽工程数据采集、远程视频监控等设施设备在施工管理中的集成应用,推行"智慧工地"建设,提升项目管理信息化水平。

推进班组管理规范化。建立健全施工班组管理制度,强化班组能力建设。加强施工技术交底,实行班前教育和工后总结制度。推行班组首次作业合格确认制,强化班组作业标准化、规范化和精细化。全面推行班组人员实名制管理,强化班组的考核与奖惩,夯实基层基础工作。

第二节 广东省公路建设品质管理特色

广东省地处我国大陆最南部,东邻福建,北接江西、湖南,西连广西,南临南海,珠江口东西两侧分别与香港、澳门特别行政区接壤,西南部雷州半岛隔琼州海峡与海南省相望。立足"三个定位、两个率先"目标,广东省大力开展高速公路建设。"十一五"时期以来,广东省公路建设进入新时期,不断加快推进珠三角交通一体化建设,外通内连、协调均衡的高速公路骨干网基本形成,全省21598个行政村实现全部通公路,实现"县县通高速"。"十三五"以来,广东综合交通运输体系建设全面推进,2018年港珠澳大桥全线贯通,助力粤港澳大湾区崛起。截至2018年底,全省高速公路通车总里程达9002km,连续四年保持全国第一;珠三角地区的高速公路密度位居亚洲第一,全球第二,仅次于美国纽约大都会区。

一、坚持人与自然相和谐,实现建设管理人本化

(一)注重使用者人本化设计,实现建设管理人本化

以道路使用者安全、舒适、便捷的体验明显好转为目标,发挥设计先导作用,坚持"以人为本"的设计新理念,倡导宽容性路侧设计理念,优化道路线形设计,科学设置道路安全设施,保障道路使用的安全性。充分考虑社会发展和环境保护的需要,注重公路建设与自然环境的和谐统一,鼓励设计融入地域人文特点和传统特色文化,追求自然朴实、难度适中,实现设计与施工、运营的联动,因地制宜地做好工程与自然人文的和谐、融合与共享。

(二)加强施工队伍人本化管理

建立劳务工管理信息管理系统,强化实名制管理。落实上岗考核制度,加强劳务工人岗前培训和日常培训管理,鼓励开展提升劳务工技能和工作积极性的竞赛、评比等活动,规范并推动讲信用、专业化的劳务工队伍的形成。注重人文关怀,为产业工人提供安全的工作条件、良好的生活条件,满足其多样化的生活需求,为劳务工人向产业工人转化提供良好环境。建立健全劳务工人工资管理办法和高速公路建设劳务工人社会保障体系,做到工资及时按标准支付,维护和保障劳动者的合法权益。

(三)关注沿线群众人本化发展

高速公路建设要考虑沿线发展需求,积极协调好沿线各方关系,与沿线地方政府及群众保持良好的路地关系。在条件适宜情况下,优先招用工程沿线低收入劳动力,通过加强技能培训,促进当地就业。减少施工过程对沿线区域及沿线居民的不利影响,严格控制施工过程中的污水和垃圾处理。探索开展符合沿线发展需要的施工便道"永临结合"、驻地房建设施"永临结合"、电力设施"永临结合"等工作。

二、推动传统产业优化升级，实现建设管理专业化

（一）建立专业化建设管理体系

综合考虑不同建设管理模式的适用条件，合理选择管理模式、管理体系和组织架构，推进建设管理队伍的专业化。强化项目管理规范化，注重建章立制、公开透明的规范化高效管理需求，建立健全专业化分包管理制度，严格履行基本建设程序，保证工程建设依法合规进行。着力加强质量安全目标管理体系、责任体系、溯源体系、考核体系等建设，建立健全责任界面清晰、责任履职可量化、可追溯的项目管理责任机制，加强对项目的考核评价和监督管理，推动从业单位主体责任的落实。从项目实际出发，注重团队培养，理顺上下级管理与考评机制，建立健全激励机制，鼓励通过技术创新提升工程质量，提高各层级工作人员创新、学习、履职的积极性，培育企业竞争优势。

（二）着力完善专业化施工管理体系

明确施工、监理和中心试验室等参建单位的准入条件，加强施工参与方的资格审查和监督管理。规范和强化合法专业分包备案管理，强化对专业分包单位和劳务合作单位的准入管理、合同管理、信用管理以及业绩考核与能力认证。以专业化施工能力、安全信用作为选择分包队伍的必要条件，提升工程分包的专业化水平。推进施工作业"机械化减人、自动化换人、信息化树人"，加强施工装备专业化。

（三）加强专业化工匠队伍建设

严格实行"上岗必考、合格方用"，着力培养一批具备现代工程管理能力和专业素养，满足高速公路专业化建造所需要的优秀工匠。加强对作业人员的专业技能和职业道德培训，开展多样化的在职培训，搭建一线从业人员培训平台，提升劳务队伍作业技能。通过多种方式，积极完善优秀技师培育与激励机制，提高从业人员的职业认同感、参与感、获得感和归属感，推动劳务大军向产业工人转型。

三、推行工业化建造，实现建设管理标准化

（一）推进业主管理标准化

针对不同项目特点，组建内部结构清晰、专业管理人员配备合理、职责明晰的项目管理机构。完善项目管理制度和工作流程，科学确定项目工期与进度，规范组织内部管理。大力弘扬契约精神，运用合同条款加强对参建单位在质量、安全、进度、费用、环境等方面的管理，充分发挥业主建设决策和组织协调的主导作用。

（二）注重设计标准化

完善推广高速公路常规结构物适用的标准设计及勘察设计标准化指南，做好路用材料、施工工艺、验收指标及检测要求等标准化设计与管理工作。注重工程效果，坚持因地制宜，处理好工程设计标准化与灵活设计的关系，合理确定适宜开展标准化设计和单体专门设计的具体条件。深化设计标准化与施工标准化的融合，加强设计标准化和施工标准化的良性互动机制。

（三）推进造价管理标准化

建立健全全过程造价管理机制，落实建设单位造价控制主体责任。大力推广工程造价文件编制标准化，规范全过程造价数据标准化管理，做到"工完账清"。按照全过程造价管理要求，完善造价监测与控制手段，及时确认非合同约定的突发性、政策性变化风险，保证工程建设有序开展。开展工程造价管理标准化研究，注重工程费用变化比对与原因分析，做好设计和施工过程中费用控制。

（四）落实施工管理标准化

建立"实施有标准、操作有程序、过程有控制、结果有考核"的标准化管理体系，全面推行施工标准化，建立施工标准化长效机制，做好临建设施标准化、工地标准化、施工技术标准化和施工管理标准化，规范操作规程，提高项目管理水平，保证工程质量和施工安全。积极推进科技创新成果在施工标准化中的应用，全面推行"首件工程制"，推进施工标准化与施工机械化、精细化的有机结合，促进传统生产方式向工程预制构件工厂化生产与现场装配化施工的转换，提高生产效率和工程质量，降低施工成本。注重工程质量，严格、认真、如实做好隐蔽工程、关键工序的过程控制和验收。

（五）落实施工安全标准化

坚持"安全第一"原则，在设计、施工过程中同步做好安全设计与管理，树立"全员、全过程、全方位"的安全管理理念。健全安全生产标准化制度，规范程序管理，强化风险意识，将落实施工安全风险管控转化为自觉责任和日常管理行为，实施标准化防护管理，打造安全生产责任体系工程。注重信息化自动检测技术的应用，建立隐患排查和风险管理的清单化、台账化、信息化和闭环化的大数据管理方式。开展"平安工地""五赛五比"等专项活动，落实施工安全各项要求。

（六）落实监理和中心试验室标准化

从提高信息传递效率、降低合作成本角度优化监理工作，明晰监理与中心试验室的职责界面，构建符合监理咨询与中心试验室综合服务特征的标准化体系。提高监理与检测工作的技术与管理水平，使监理与中心试验室更好发挥合理控制工期、工程质量和工程费用，监督合同履行，保障安全和环境的作用。

四、推行信息化建设，实现建设管理智慧化

（一）注重智慧化设计应用

设计阶段积极推广虚拟现实（VR）、建筑信息模型（BIM）、北斗导航等先进技术的有效应用，改善信息交流和传递方式，做好复杂工程的设计协调工作，提高设计的准确性和效率，降低全寿命周期成本。深入研究云计算、大数据、北斗高精度定位综合应用及车路协同等先进技术手段在高速公路设计中的应用。构建基于智慧运营的路段级智慧公路示范试点技术体系设计，通过智慧收费体系、路运一体化平台、高分可视化智慧调度系统建设，提高路段管理效率。

（二）实施智慧化施工

研究可视化控制平台，采取"数形合一"的数据采集、测量监控、机械操作和质量检测技术，建立智慧化施工系统。积极推进建设智慧化预制厂，引入机械化、自动化、智能化管理，达到提高施工效率和工程质量，降低劳动强度，节约建设成本，减少安全事故的目的。

（三）加强智慧化检测体系建设

建立健全智慧化检测体系，提升信息安全预警能力。加强移动检测设施与固定检测设备联动，做好高速公路施工全过程检测，提升高速公路质量管理水平。

（四）加强信息化统筹管理

建立健全现有的信息数据采集整合体系，增加信息采集的种类，推动管理信息由纸面向数字的转化，提高信息采集的密度，确保采集数据的完整性、准确性和更新的及时性。建立交互共享平台，推动信息数据共享，实时分类、整合信息，提高设计、施工过程中的信息资源综合利用水平，实现信息化、数字化管理模式。重视信息化专业人才的引进和培育，培养符合现代工程管理要求的创新型、应用型人才。

五、强调平安建造，实现建设管理安全化

（一）持续深入推动安全发展理念

牢固树立安全发展理念，坚持人民利益至上，始终把人民群众生命安全放在第一位，将施工安全放在首要位置。持续推动安全发展理念深入基层、深入建设现场，坚持重心下移、力量下沉，提升高速公路建设安全管理精细化水平。推动质量、职业健康、安全、环保"四位一体"的管理体系（QHSE管理体系）。

（二）不断强化安全生产责任体系落实

落实行业主管部门直接监管、地方政府属地监管等措施，坚持管行业必须管安全，管业务

必须管安全,党政同责、一岗双责、齐抓共管、失职追责的安全管理体系。高速公路施工企业要严格履行安全生产主体责任,做到安全投入到位、安全培训到位、基础管理到位、应急救援到位,确保高速公路建设安全。

（三）深化安全生产领域改革和技术标准对接

对比不同行业、粤港澳三地、国内外高速公路建设安全技术标准要求,推动广东省高速公路建设安全管理改革和技术标准革新。

（四）提升安全生产科技创新水平

重视大数据、人工智能、机器学习等技术与高速公路建设安全管理的结合,提升安全管理智慧化水平。合理优化安全监测仪器、装置的配备数量和科技含量,提高机械化作业的应用程度,淘汰安全上有重大缺陷的落后施工工艺。加强施工作业防护,提升完善经验性安全检查手段,实现更高的安全管理水平。

六、实施精益建造，打造品质工程

（一）加强品牌培育，引导品质建设

注重工程品质,树立全员质量观、安全观,培育各企业内部品质工程文化,塑造精益求精、追求卓越的工匠精神,提升工程建设的软实力。大力推广先进的质量管理理念和现代质量管理方法,以点带面,打造以"关注绿色,聚焦精品"为理念的国际先进、国内一流的品质工程,推进"广东优质"品牌建设。

（二）创新施工理念，推行精益管理

建设单位要通过建设管理,鼓励施工单位创新施工理念,树立以工程质量为核心的管理理念,遵循施工技术、安全标准化要求,关注质量关键点,安全文明施工。倡导施工单位建立灵活、高效的组织机制,开展班前培训与交底,综合考虑内外部协调关系,精益化管理。统筹优化施工人员管理与施工过程的技术管理,重视施工现场管理,做好工程施工质量、工程进度、工程投资和环境保护管理。制订科学、合理、有效的管理措施,加强参建各方的沟通与现场问题解决机制的建设,消除与减少施工人员无效劳动,材料、机械等方面的浪费及对环境的负面影响,实现精益化施工生产。

七、注重资源环境，实现公路发展绿色化

（一）深化绿色理念，明确发展目标

贯彻"创新、协调、绿色、开放、共享"新发展理念,把握"资源节约、生态环保、节能高效、服务提升"四大要素,坚持统筹资源利用、能源消耗、污染排放、生态影响、运行效率、功能服务,

寻求公路、环境、社会之间的系统平衡与协调。坚持基于统筹公路建设、运营、管理、服务的"全寿命周期成本"方案比选优化,以最少的资源占用、能源耗用、污染排放、环境影响,实现外部刚性约束与公路内在供给之间的均衡和协调,做精做细高速公路设计、建设、运营各阶段的环保方案,努力推动"绿色设计、绿色实施、绿色运营"。

(二)强化科技创新,加强宣传培训

大力开展绿色公路关键技术研发,积极开展湿地保护、动物通道设置、路域生态防护与修复、道路材料集约节约使用、能源高效利用及节能减排等的方案比选与优化。开展基于全寿命周期的公路建设碳源与碳汇量化,进行绿色公路认证,推动可控、可量化和可考核的绿色公路建设。开展绿色公路技术合作与交流,重视引进绿色公路建设的先进技术和成功经验。加强对从业人员的绿色公路建设技术培训教育,加大绿色公路建设理念的宣传力度,积极推广宣传取得的成果,促进绿色公路建设深入人心。

(三)注重生态环保,加强污染防治

坚持人与自然和谐共生,以"尊重自然、顺应自然、保护自然、恢复自然"为目标,强化在设计、施工、运营及养护全过程的生态环境保护与恢复,重点关注对自然地貌原生植被、表土资源、湿地生态、野生动物等方面的保护。积极开展路域景观设计,将人工构造物对环境的负面影响降到最低。严格落实施工过程的环境保护和水土保持要求,加强环境监测和生态修复。加大施工过程污染防治,严格落实施工现场和驻地的污水垃圾处理措施,加强施工扬尘与噪声监管,降低施工对环境的影响。

(四)集约利用资源,实现节能减排

节约利用土地资源,采取有效措施,减少耕地和基本农田占用。统筹利用运输通道资源,高效利用临时工程和临时设施。注重就地取材,积极应用节水、节材施工工艺,应用节能技术和清洁能源,实现资源集约节约利用。优化施工组织,合理安排工序,因地制宜开展标准化施工。加强设备使用管理,主动选用能耗低、工效高、工艺先进的施工机械设备,提高设备使用效率,降低施工能耗,实现资源高效、循环利用。

(五)实施专项行动,发挥试点引领

开展高速公路绿色环保建设专项行动,确保新建项目在设计、施工及运营等方面全方位落实绿色环保要求。以创建交通运输部绿色公路示范工程和开展广东省绿色公路建设试点示范工程为抓手,打造绿色公路建设试点示范工程,以点带面,实现全省绿色公路快速发展。

八、强化技术引领,激发创新活力

(一)提高科技创新积极性

做好科技创新的制度保障,紧紧围绕工程建造、安全、生态环保、人性化发展的必须,设立

科研专项资金,完善科研信用管理办法,简化科研课题管理程序。改革创新机制,处理好政府与市场的关系,建立市场导向机制,更好发挥政府作用。深化科技评价和奖励制度改革,注重科技创新质量和实际贡献,制订导向明确、激励约束并重的评价标准和方法。

（二）注重科技成果的应用与推广

深化科技体制改革,建立以企业为主体、市场为导向、产学研深度融合的技术创新体系,促进科技成果转化。聚焦重点专项,统筹智能化、信息化交通领域科技研发与应用。强化科研与设计施工联动,依托工程项目开展科技攻关与创新科研课题,攻克项目建设难关,加强"四新"技术、微创新研发与应用。建立健全标准体系,提升行业创新成果转化为标准的意识和能力,推进创新成果标准化评价准则建立,积极构建科技创新成果信息管理平台,推动重大技术成果应用与推广。

（三）激发创新队伍活力

优化政策环境,激发人才活力,强化科技人才队伍作风建设,形成持续有效地鼓励科技创新、提升创新技能的机制。加快实施公路交通行业创新驱动发展战略,切实发挥好政府的引导推动作用,大力培育科技型企业,支持企业建设高水平研发机构,鼓励社会团体、企业联盟开展技术创新,全面提升自主创新能力。优化科技人才培养体系,强化科技人才队伍作风建设,提高科技人才和创新团队综合素质。

第三节　南粤品质管理

"品质工程"是交通运输部在新时期提出的工程建设新理念和新要求,其内涵远远超出传统项目建设质量管理的范畴。在交通运输部出台打造"品质工程"指导意见之前,省南粤交通公司在省高速公路建设系统中率先开展"品质工程"创建活动,通过制订印发《"南粤品质工程"创建活动方案》,以"四项制度"为中心,"九个提升"为手段,纲举目张,多措并举,大力推进项目管理与现场管理能力建设。

一、四项制度

（一）优质优价、优监优酬

根据《广东省高速公路工程质量优质优价实施意见》和《广东省高速公路工程施工优监优酬实施意见》的精神,省南粤交通公司要求所属各项目依据以下原则,建立"品质工程"相关的优质优价、优监优酬奖罚制度:

(1)建设项目各合同段施工图(清单)汇总预算在不超批复设计概算(指"建安工程、设备购置费用"静态部分)前提下,按照专用条款规定,按不超过投标报价的2.5%计提作为"优质

优价"奖罚价款列入合同。对施工质量进行评比与奖罚,且只有当工程质量达到优质时,才能获得奖励,视未获奖励为处罚。

(2)监理标段按不超过投标报价(中标价)的1.5%,计提费用作为"优监优酬"价款列入合同,对项目总监办进行评比与奖励,且监理单位应按照监理合同约定,认真做好监理工作,发挥监理单位作用,达到合同约定的优秀条件,体现"优监"才有"优酬",才能获得奖励。

(二)"双标"管理

2010年以来,广东省交通运输厅在全省范围内推广"双标"管理(标准化管理、标杆管理),以统一有关设计标准和原则、施工工艺和材料要求,提高工程设计质量和效率,消除质量通病,提升施工标准化、预制化的水平,加快施工效率,促进工程质量的提高。省南粤交通公司进而提出,全面推进"双标"管理的重点是要高标准、严整改、重细节,以标准化催生创造标杆,以标杆引领带动标准化,其生命力在于执行与落实。"取法于上,仅得为中;取法于中,故为其下",要坚持高标准推进项目的质量管理工作,重点要解决好管理处(中心)有关人员的思想意识、质量标准问题,持续发挥业主主导作用,紧密协调各方,朝着共同目标合力同向努力。工程质量做于细,成于严,要坚持严的标准措施,一环紧扣一环抓,从材料准入到首件验收等具体细部工作层层压紧,检查不走过程,整改不留死角,在落实上动真格,在实体上见实效,不断改进提升,逐步形成良好的项目质量管理氛围。目前,公司以改变当前"双标"管理中"标准化"一手硬、"标杆工程"一手软的现状为着眼点,结合优质优价条款,加大"标杆工程"培育并扩大其覆盖范围,强化比对看齐意识,引导项目建设向提高工程实体质量和提升安全管理水平聚焦发力。

(三)"首件工程制"

首件工程是按照预防为主、先导试点的原则,在分项工程中选择第一个施工项目作为首件工程,并将首件工程中的每一个工序作为首件工序,为每一道工序制订作业指导书和施工工艺方案,按照严格程序进行策划、修正、实施、验证总结,成熟后进行推广实施。通过全面推行首件工程认可制,以首件工程样板为示范,引领后续同类工程的标准化施工,以提高项目的施工工艺水平和技术质量管理水平,提高功效,确保质量,创造更多的精品工程。省南粤交通公司在落实"首件制"的实践中,探索将"首件制"实施范围由主体工程向机电、房建、交安等附属工程延伸,并适时开展专项检查,对于大面积铺开后质量下滑反复、管理变形走样的,要求重新做首件,严厉打击"首件制"与全面施工两张皮现象。

(四)"五赛五比"

"五赛"是指赛人本化、专业化、标准化、信息化、精细化,"五比"是指比质量、安全、进度、效益、廉政。通过开展"五赛五比"活动,进一步提高项目参建各方的质量意识、安全意识、进度意识、效益意识和廉政意识,营造争先创优的良好建设氛围,培育、树立一批高速公路建设的示范项目(标段),并及时总结、宣传、推广好的经验和做法,带动、促进省南粤交通公司所属高速公路项目建设管理水平的整体提升。

二、九个提升

（一）提升原材料与产品管理水平

在做好甲供材质量监管的基础上，加强非甲供、甲控材的准入监管，重点对土工合成材料、桥梁工程伸缩缝、支座、减水剂，路面工程面层集料、填料，交安工程标志标牌反光膜、标线涂料、波形护栏、轮廓标、突起标、防眩板、防撞桶等的准入监管，坚决杜绝伪劣、低劣产品进入工程实体，切实把好材料质量关。

（二）提升施工队伍专业水平

统筹做好检查指导与教育培训管理，提升精细化、专业化施工能力，培育精益求精的工匠精神，打造高素质工匠队伍，培养产业工人。

（三）提升设备与工艺工法创新水平

倡导以设备保工艺、以工艺保质量、以质量提品质的理念，重点加强对路基、桥梁、隧道、路面等关键生产设备的选型，鼓励创新，大力推广机械化、智能化施工与先进适用的工艺工法，加强施工信息化监控管理，对部分材料生产运输环节、关键施工环节进行实时监控。要求预制场智能预应力张拉压浆设备配备率达到100%，大桥及以上桥梁整体化采取重型提浆整平机等定型设备配备率达到100%，隧道水泥混凝土路面施工滑模摊铺机配备率达到100%。

（四）提升结构物外观

将结构物外观质量的提升作为"南粤品质工程"创建的重要指标，通过原材料、模板制安、配合比设计、浇筑工艺等质量控制措施，实现各类混凝土结构物线条顺适、表面平整、光洁、色泽自然、均匀一致。

（五）提升质量通病治理水平

改变治理思路，强化技术方案在质量通病治理中的支撑保障作用，在施工过程中着力解决路基稳定、边坡垮塌、隧道漏水等常见质量问题并避免其在营运期间继续发展，以桥头跳车、混凝土开裂等内容为重点，全面开展项目建设全过程的质量通病治理，务求实效。

（六）提升工程项目数字化管理水平

根据交通运输部印发的《高速公路项目交工检测质量不合格项清单》和《高速公路项目竣工鉴定质量不合格项清单》，明确质量控制底线；以信息化手段进行质量检测数据的采集和处理，推广成熟适用的数字化、可视化与智能化技术在隐蔽工程和关键部位施工中的应用，积极应用具有便捷、无损、数据自动采集与传输等特征的先进检测装备，提高检测技术能力和服务水平。

（七）提升安全生产管理水平

牢固树立安全发展理念，强化安全生产红线意识和底线思维，高标准、严要求，建立健全管理体系，落实一岗双责。严格落实安全风险评估工作，监控重大事故隐患清单；以施工安全标准化为抓手，落实管理行为标准化和安全技术标准化；强化"平安工地"建设，奖优惩劣，树立标杆，培育"平安工地"建设示范项目，打造"平安工程"。

（八）提升文明施工管理

加强现场文明施工管理，提升政府还贷高速公路的地方窗口形象，尽量减少项目建设对周边环境和当地群众的影响，努力构建路地和谐关系。

（九）提升工程项目社会满意度

施工便道倡导"永临结合"，加强与地方沟通对接，结合农村公路规划和山区生产生活道路规划情况，将临时施工便道与永久地方道路结合起来，适当提高标准，以服务地方群众的日常生产和生活出行需求；施工电力倡导"永临结合"，统筹规划好施工临时用电与路段运营永久用电的结合，实现永久用电服务于施工临电，降低项目建设成本。

立足于广东省交通运输建设大战略，省南粤交通公司努力践行创新、协调、绿色、开放、共享五大发展理念，落实"四个交通"发展要求，深化现代工程管理，以建设优质工程、平安工程为前提，以"双标"管理为抓手，不断推动工程建设协调发展和转型升级，全面提升公路建设品质管理理念、管理水平，全力打造以优质耐久、安全舒适、经济环保、社会满意、自然和谐为主要特征的"品质工程"，构建具有省南粤交通公司特色的公路品质管理体系。

第三章

导向性重构管理体系

> "管理是一种客观职能,它取决于任务,也取决于文化条件,从属于一定社会的价值观念和生活习惯。"

——彼得·德鲁克(现代管理学之父)

重构富有南粤交通特色的公路品质管理体系,同样取决于广东省的交通发展现状与规划,以及省南粤交通公司的自身定位与实践。

广东省是中国第一经济大省和高速公路大省,但省内经济发展和基础设施分布并不均衡,珠三角地区交通便利,经济发展快;粤东西地区、粤北山区崇山峻岭,交通不便,经济相对落后,因此高速公路建设逐渐向经济欠发达、建设条件复杂等地区倾斜。由于工程规模大、经济效益差,建设模式将主要采用政府还贷模式。在原有融资主体受到国家政策限制的情况下,为破解高速公路建设资金缺口大、政府还贷高速公路项目业主角色缺位等问题,在省政府的决策和支持下,经有关部门和金融机构反复研究和论证,决定组建省南粤交通公司,具体负责交通建设投融资和政府还贷高速公路的建设、经营和管理。

自 2013 年 1 月挂牌成立以来,短短几年,省南粤交通公司全力推进全省高速公路建设,保质保量完成省委省政府交给的任务,从广东省交通建设领域的后起之秀成长为省内在建里程最长、规模最大的高速公路建设主体,成为广东省交通建设的重要生力军。为促进区域经济的发展,服务于广东经济社会发展战略部署的大局,为"四个坚持、三个支撑、两个走在前列"做出更大的贡献,省南粤交通公司在省交通运输厅的领导和省委省政府的大力支持下,迎难而上,攻坚克难,创造性地开展工作,推动省委省政府出台规划,实施省市共建、开辟审批绿色通道、攻克融资难关等一系列重大举措,在推动高速公路现代工程管理方面开展了大量有益的探索,也积累了较为全面和丰富的公路建设经验。

第一节 以客户需求为中心

品质可直观理解为内在质量和外在品味的有机统一。品质作为一种实体(产品、服务、过程、系统)的特性,反映的是满足客户需求和期望的能力总和。当谈及某种实体品质完美时,我们是指它完全甚至超越地满足了客户的需求和期望。对于高速公路建设事业而言,高速公路就是产品,而客户就是道路使用者。

相较于一般的实体产品,高速公路的特殊性显而易见。一方面,高速公路具有车速高、通行能力大、安全性高,能够降低运输成本、带动沿线经济发展等优势,因此国家和人民群众对高速公路建设始终怀有热切的需求。而另一方面,高速公路建设项目也具有规模大、周期长、投资额大、一次性、风险大、对环境影响大等负面因素，因此高速公路打造过程中的每一处细节都需要百分之百的精力投入，稍许差错都可能导致无法估量的严重损失。

　　高速公路建设要以人民为中心，时刻树立"人民即客户"的意识。党的十九大报告提出，我国社会主要矛盾已经转化为人民日益增长的美好生活需要和不平衡不充分的发展之间的矛盾。在高速公路建设领域，这一主要矛盾表现在人民群众从之前对高速公路高效快速出行的需求，逐渐提升为对高速公路安全、效率、舒适、美观、智能等多元化的出行需求。因此，对高速公路产品品质的打磨，除了对公路实体质量的追求外，更应着眼于满足当前产品用户（即人民群众）对高速公路的更高要求。

　　在这一大背景下，省南粤交通公司构建树立"以客户需求为中心"的理念、追求内在质量与外在美观统一的公路建设品质管理体系。这一体系是公司对其本身定位和交通运输本质需求进行深思熟虑后的结果。

　　首先，省南粤交通公司作为广东省交通集团有限公司所属的具有特殊使命的国有企业，是广东省交通建设投融资和政府还贷高速公路的建设、经营和管理主体，其第一要务是服务于省委、省政府经济社会发展战略部署的大局。打好高速公路建设攻坚战、促进区域经济的发展，是公司的中心任务，也是历史赋予公司的重要使命。根据这一定位，省南粤交通公司以建设精品工程，提供优质服务，促进广东省经济、社会的协调发展为己任；努力提供便捷通畅的交通路网，为国民经济和社会发展充分发挥高速公路基础性、公益性、先导性、服务性作用，为区域经济的均衡发展铺路搭桥，振兴粤东西北地区，早日改善地方群众安全便捷出行条件，早日使发展成果惠及更多人民群众。因此，与定位相对应，省南粤交通公司的企业责任包括两个方面：既要按要求完成省委省政府和上级单位部署的任务，为国民经济和社会发展充分发挥高速公路基础性、公益性、先导性、服务性作用，同时实现国有资产的保值增值；又要争创品质工程，提供优质服务，服务人民群众安全便捷出行，服务社会主义新农村建设，服务国民经济和社会发展全局，促进广东省经济、社会的协调发展。

　　其次，交通运输系统的组成要素包括人、车、路和环境。其中，人是交通系统中的主要组成部分。交通事故统计表明，在发生交通事故的直接或间接原因中，有80%～90%与驾驶员有关。因此，树立以客户需求为中心，提供拥有更好品质的公路产品，以提高客户驾驶的可靠性、提升用户对公路产品的使用体验，保障用户可以享受更安全、更舒适的交通出行。传统的高速公路建设更多地呈现出简单"按图建成"的特点，即建设单位依据建设目标总体布局、统筹规划，施工单位按照设计单位提供的施工图设计文件进行施工，监理单位对施工单位的工程建设过程实施监控，协助建设单位确保工程建设质量和安全。省南粤交通公司在传统理念的基础上，将提升客户体验、提高客户满意度纳入总体建设目

标中,树立以客户(即道路使用者)为中心的思想,致力于建立品质公路产品的目标导向性全新管理体系,以提供更好品质的公路产品。

第二节　重构组织体系

从公路建设管理需求分析和国内外公路建设管理经验来看,公路建设管理工作是一项复杂的系统工程,健全有效的组织机构是一切管理活动的基础。因此,只有建立一个统一的公路项目管理机构才能保证各子系统之间各机制的紧密协调和大系统的有效运行。

为加强组织保障,确保公路建设品质管理体系构建有序推进,省南粤交通公司与项目分别成立了两级"南粤品质工程"创建活动领导小组,负责统筹组织、督导协调活动开展,形成了"上下分工互动、项目特色鲜明、支撑保障有力"的良好推进格局。

公司领导小组成员由公司基建管理部、安全生产监督管理部、投资经营部、党群工作部以及各建设项目主要负责人组成。领导小组办公室设在公司基建管理部,办公室负责活动的具体实施、督导、协调、检查和综合考评等工作。各项目建设单位是"南粤品质工程"创建活动的责任主体,要根据活动方案,结合项目实际,研究细化契合项目推进的具体实施方案,按"因事设岗,因岗定责,因责授权"的原则进行定编定员,设置相应的职能部门,建立有效的落实机制,实现协同合作高效管理,确保活动扎实有效推进。

第三节　新型的伙伴关系

一、项目共管

在高速公路建设项目准备和实施过程中,各参与方之间存在着众多程度不等的冲突。只有积极地合作与协作,才能充分发挥各方资源优势,提高各方的综合效益,减少各种形式的内耗与浪费。而如何有效地开展合作与协作,需要参建各方相互信任、关系友好,需要每个参建单位都能把各方之间的关系放在长远角度上考虑。对于公路建设项目本身,则可更好地在设计中满足勘查结果和施工要求,在施工中更好地体现设计意图,更有利于保证公路建设项目的成功实施。因此,省南粤交通公司在推进高速公路建设过程中,倡导

"项目建设利益共同体"理念,其核心内容是:以契约精神为纽带,以打造高品质的高速公路产品为共同目标,构建新型伙伴关系。

(一)合同管理

以契约精神为纽带,即高速公路建设项目参建各方按照合同要求,履行各自职责,以实现公路工程建设的最终目标。公路工程的建设较为复杂,建设过程中涉及道路工程、隧道工程、桥梁工程、交通工程、机电工程、机械设备工程、综合管网工程、建筑工程、景观工程等专业设计和施工活动,需要各种材料、设备、资金和劳动力的供应。高速公路建设的总目标是通过各种工程活动的实施实现的,如勘察设计、各专业的工程施工、设备材料的采购、工程监理、其他有关咨询活动(可行性研究、招投标等)。建设单位将这些工作以合同的形式委托出去,建设单位签订的这一系列合同就构成了建设单位的合同体系。

省南粤交通公司要求各管理处(中心)参照《广东省南粤交通投资建设有限公司合同管理办法》制定管理处(中心)相应的合同管理制度,并报公司核备,合同管理制度中涵盖完善的合同管理的内控程序。同时,针对工程合同体系中的不同组成部分,省南粤交通公司也分别提出了对应的要求,并规定管理处(中心)应加强工程建设合同管理,过程中应进行梳理和执行情况检查。

省南粤交通公司以集中管理与分工负责为主轴,将合同的立项、谈判、审批、签订、变更、解除、纠纷处理等业务进行细化处理,做到分工明确,权责明晰,避免职权不明,人浮于事。从组织保障层面,由合同管理部门、合同经办部门和合同审查部门共同负责合同管理的相关业务。从业务分解层面,合同管理部门是指负责合同管理事务的主管部门,即公司投资经营部;合同经办部门是指根据工作职责和业务性质,负责合同立项、谈判、起草、会签和履行的部门;合同审查部门是指参与合同审查会签的部门,一般情况下应包括资金财务部、监察审计部、投资经营部,涉及专业技术及业务的合同还需有相关业务部门参与审查。

此外,省南粤交通公司也对各类合同的一般内容做了统一、详细的规定,而所属各公路建设项目在拟订合同文本时除参照公司一般规定执行外,也会结合自身项目特点、建设目标侧重点,在合同中添加不同内容,加以引导。如为全面推行施工标准化管理,在管理制度、人员配备、现场管理、过程控制等方面,公司部分项目管理处(中心)将施工标准化有关要求纳入土建施工合同协议书,或者将《广东省高速公路建设标准化指南》作为施工合同附件。

(二)构建新型伙伴关系

通过建立新型伙伴关系,可以为建设、勘察、设计、施工、监理、试验检测等企业搭建一

个沟通、协作的平台,促进公路建设项目相关各方在面临各类问题中都能够及时沟通、协商,实现信息共享,共同形成协调有序、密切配合的利益共同体、发展共同体。省南粤交通公司协同项目各参建单位打造合作伙伴关系,以合同为纽带,依法依规,在各自的责任范围内形成项目共管合力,平稳有序推进项目建设。港珠澳大桥珠海连接线项目在协同参建各方成合力方面的具体措施与做法,很好地诠释了新型伙伴关系的构建。

为有效降低工程技术风险,科学评价设计单位施工图设计文件,合理优化相关设计方案,珠海连接线管理中心委托了第三方设计咨询单位对拱北隧道明挖段设计开展设计咨询工作,及时完成专家评审。根据咨询结果,优化完善了围护结构、支撑系统、坑底加固等相关设计方案,在确保安全的前提下,有效控制了工程建设成本,节省了工程工期。

针对控制性工程拱北隧道,珠海连接线管理中心委托了三家有类似专业经验的咨询单位开展了拱北隧道的暗挖施工优化方案、明挖施工优化建议、施工组织设计、施工关键技术难点以及重大风险控制措施咨询工作,集思广益,博采众长,取得了拱北隧道特别是暗挖段施工方案的好点子、好思路,为施工图设计提供支撑。

此外,在交通运输部提出初步设计阶段实行公路桥梁和隧道工程安全风险评估的要求之前,珠海连接线管理中心于2009年就委托荷兰隧道工程咨询公司开展了拱北隧道初步设计阶段风险评估工作,从源头上规避和控制由于设计缺陷导致的安全风险,优化了设计方案。同时,中心在施工阶段及时组织开展施工安全风险评估工作,提出针对性的安全保障措施和建议,进一步落实和深化设计阶段风险评估,有效降低施工风险。

珠海连接线项目于开工伊始,即报请广东省交通运输厅成立港珠澳大桥珠海连接线拱北隧道工程技术专家委员会,邀请包括王梦恕院士、龚晓南院士、陈湘生院士在内的十多位国内知名专家组成技术专家组,阶段性地对重大设计、施工方案进行把关,通过充分研究、论证、调整、优化,降低了工程风险,确保方案科学、合理、可靠。

最后,经过对类似项目的充分调研,珠海连接线管理中心于筹建之初即决定实行项目试验检测与监理分离的管理制度。相比常规项目的监理质量负责制,采用独立第三方试验检测管理,这种制度具有以下两方面优点:一是可以充分发挥试验检测中心在原材料管理和工地试验室管理方面的专业性,并能最大程度地保证试验数据的真实性,为试验数据指导施工提供制度保证;二是建立监理主抓现场与质量管理行为,检测中心主抓试验检测、原材料及工地试验室管理,管理中心统筹质量管理的质量管理体系。这种制度借助各方力量,更加有效地加强中心对施工现场的质量管理。

二、路地共建

2013年2月28日,广东省召开了全省高速公路建设工作会议。会议要求,广东省各地各有关部门要充分认识加快高速公路建设的重要意义,着眼于全省发展大局和长远社会经济效益,统一思想、提高认识,切实增强加快推进高速公路建设的紧迫感和责任感,坚决贯彻落实省委省政府决策部署,以攻坚克难和决战决胜的勇气、以超常规的工作力度和更加深入、务实的工作作风,举全省之力打响打赢一场全省高速公路建设大会战,全力推动广东省高速公路建设再上新的台阶。

会议指出,粤东西北地区高速公路通达水平仍然较低,同时部分在建高速公路项目受资金问题、征地拆迁等问题影响,进展缓慢,急需采取有力措施加以解决。而广东省在"十二五"和"十三五"期间的建设项目大部分位于粤东西北落后地区,运营效益较差,需要认真研究调整高速公路项目的投资经营结构。会议落实到解决问题的思路,一是要研究增加政府还贷高速公路项目的比例,尽可能争取国家补助资金,减轻地方负担;二是新建高速公路项目原则上采取"省市共建"模式,由项目所在市负责征地拆迁,其投入折股计入项目投资,省负责组织建设,双方共同投资、共担风险、共享收益;三是有条件的项目要进一步放宽对民营投资的要求,研究采取股份制模式运营,探索发挥高速公路资本运营作用,通过市场交易引进新的股东解决资金问题。

根据会议精神,当年7月,广东省委省政府印发《关于进一步促进粤东西北地区振兴发展的决定》(粤发〔2013〕9号),正式提出粤东西北地区交通基础设施重点项目采取以省级投入为主、省市合建模式。对省政府确定的2013—2017年计划建设的政府还贷高速公路和铁路干线项目,资本金原则按省(部)、市7∶3的比例出资;工程任务完成过半且各市资本金出资确有困难的,可由省出面协调金融部门融资解决市级资本金总额的50%。

2013年11月,广东省高速公路建设总指挥部制定并发布了《广东省高速公路"省市共建"实施方案》,规定政府还贷项目一律按7∶3的投资比例实施省市共建;经营性高速公路应实行竞争性配置招标,若招标失败,省市投资主体按7∶3的投资比例实施省市共建,省市共同投资,共享收益,共担亏损。由于省南粤交通公司具体负责交通建设投融资和政府还贷高速公路的建设、经营和管理,因此在项目筹建、建设和运营过程中,采用"省市共建"双业主模式。筹建阶段,省南粤交通公司具体负责项目筹建各项事宜,省和地方投资主体提供必要的指导和协助。建设阶段,省南粤交通公司负责建设项目的工程质量、进度、投资控制、安全生产、综合治理等管理工作,省和地方投资主体负责建设项目的指导、检查与监督,并负责以批复概算中的征地拆迁费用完成全部土地征收和红线内地上地下所有附着物(结构物)的拆迁、安置补偿、留用地办理等工作内容,其中地上地下附着物(结构物)包括房屋、工厂、管线(含电力线网、通信光缆)和其他设施、设备、结构物等。若项目同时跨越两个以上(含两个)地级市,各市按批复概算中各自行政区域路段的征地拆迁费包干完成征地拆迁、安置补偿等工作。省南粤交通公司具体负责营运项目的收费、路政、养护、安全生产、综合治理等管理工作。省市投资主体负责指导、检查和监督。

面对复杂的地质条件、薄弱的基础设施、差异化的风俗习惯、多样化的群众诉求,省南粤交通公司以路地和谐、省市共建为重要抓手,高度重视与地方各级政府和当地群众建立良好合作关系,力求做到和谐共处、互助合作、互利互惠、互促互补,谋求共同发展,为打造"南粤品质工程",构建南粤公路建设品质管理体系奠定了坚实基础。

省南粤交通公司首创提出了征拆"总包干"模式,由地方政府按项目征拆概算进行总承包。与传统征拆模式相比,该模式具有以下优点:一是可以大大减少项目业主的协调工作量,同时完全将征地拆迁费用控制在概算范围内;二是可以充分调动地方政府的工作积极性,费用总包干可以使地方政府在一个总盘子内统筹项目的征地拆迁工作,征地拆迁工作思路、方式及途径灵活;三是通过地方政府的各部门联动,可有效避免征地拆迁矛盾的激化,进而提高工程征地拆迁效率和质量,维护地方和谐稳定,促进地方发展,可以说是一个三赢的结果。项目的征拆实践证明,该模式具有效率高、费用控制好、矛盾纠纷少等优点,有力地推动了项目的建设。

省南粤交通公司所属潮漳高速公路在建设过程中所形成的"宁莞速度"是在省市共建制度下取得的可喜成果。该项目自立项以来,就成立了由各级政府、地市和县区两级高速公路建设协调指挥部、省南粤交通公司及下属各管理中心组成的建设协调系统,自下而上快速响应地方政府和百姓的诉求。而乡镇、区县、地市、省南粤交通公司四级审核能够确保百姓反馈的需求合理、合法。除此之外,分别制定切实可行的征地、拆迁补偿,建筑物补偿以及个案处理的补偿方案,切实解决征地拆迁难题,保障地方群众的切身利益,真正实现政企民共赢。最终,潮漳项目仅用10个月就完成全部国家基建审批程序,8个月完成工程可行性研究报告,14个研究专项取得立项条件,6个月完成6875.6亩(约458万m^2)征拆交地工作,成为广东省"国高网"2014年第一个开工项目,创造了行业知名的"宁莞速度"。

在前期征拆工作中,省南粤交通公司及所属各项目充分尊重当地民风民俗,维护百姓利益。例如,揭惠管理中心面对潮汕地区"人多、坟多、庙多"的征拆工作难点,考虑到当地民众的宗族情感和民族团结等因素,及时暂停了汕头市潮南区红场镇仙田村宋代庄氏古墓所影响到的坝峰山隧道、仙田大桥及相关土石方施工,并积极组织设计单位、当地政府和庄氏族人代表共同商讨解决办法,同时向省、市各级高速公路建设指挥部汇报具体情况。最终,修改设计方案得到了庄氏族人的认可,庄氏古墓问题得到了解决。协调解决庄氏古墓征拆难题是揭惠项目省市共建的成果,体现了南粤交通人对潮汕地区民风民情和沿线百姓利益的尊重与重视,为路地和谐发展做了好注解。

"永临结合"是交通建设项目追求资源节约、实现路地共享的重要措施。龙怀项目英怀段将"永临结合"融入设计方案,在施工便道设计时充分考虑其后期发挥的作用,全面实施路面硬化,安装安全防护设施,与主线保留足够的净空区,项目通车后直接移交县区政府,纳入农村公路养护范围。潮漳项目路基1标租用了饶平县东山镇东山村一所荒废的学校作为项目驻地。路基完工后,项目部移交东山村委会。现在,昔日荒废的学校摇身一变成为了全村的文化娱乐中心。

省南粤交通公司各项目管理处(中心)始终秉承"为民服务、和谐发展"的理念,躬身践行服务沿线群众,强化路地和谐共建,以"人民的名义",全力打造了一条条省市共建之路、文明和谐之路。

三、行业共赢

为切实加强沟通与协调,建立联系与协调机制和审批"绿色通道",破解行业掣肘,省南粤交通公司通过建立与电力、铁路、石油等行业的跨行业战略合作,开创了行业间的合作交流新模式,对项目简化审批、有效管控、高效实施、节约投资等方面进行持续探索。

(一)以战略合作实现行业共赢

通过签订战略合作协议等措施,省南粤交通公司与相关电力企业共商建立高压电力设施跨越政府还贷高速公路、政府还贷高速公路涉及高压电力设施迁改工程审批的"绿色通道"。在省级层面建立协调机制与平台,共同做好政府还贷高速公路和高压电网线路走廊的规划协调,做到早知情、早规划、早协调,互利共赢、和谐发展,以破解公路建设项目外围制约。省南粤交通公司通过与电力企业加强战略合作,努力实现公路电力通道资源共享,通过预留高压电网与高速公路建设和管养维护所需的发展空间等措施,满足高压电网与高速公路的远期规划需求。此外,电力企业全过程参与政府还贷高速公路中涉及高压电力设施迁改工程的设计、施工方案审查及工程验收,省南粤交通公司全过程参加高压电力设施跨越政府还贷高速公路的设计、施工方案审查,做到优化设计方案,精心组织实施,以确保政府还贷公路与高压电网的运营和施工安全。

行业共赢局面以广中江项目为例。广中江项目地处珠三角核心地区,沿线城镇高度密集,人口密度大,土地开发程度高,大部分土地已经开发为建设用地,基本没有未利用地,农用地大量划为基本农田保护区。初步设计阶段,在顺德区均安镇,中山市小榄镇、东凤镇、南头镇境内,广东电网公司正在建设500kV狮洋至五邑线路和500kV顺广乙线单改双工程项目,两条输电线路间距30余米,沿线总长超过17km,工程范围内土地可开发利用率较低。通过设计方案论证比选,广中江项目最终确定沿线17km采用高架桥与500kV高压线共用走廊的方案(图3-1)。对于经济发达的珠三角地区这一做法极大限度的节约和保护了土地环境资源,在广东地区乃至全国进行高速公路与高压线路并用走廊建设工程示范,打造生态环保的绿色循环低碳高速公路具有重要意义。

图 3-1　广中江项目与 500kV 高压线公用走廊段

为确保共用走廊段顺利实施,广中江项目通过审查相关设计文件,结合国内外相关研究成果和工程实践,分析共用走廊段施工期间和运营期间高压公路和高压线路的相互影响,并从施工安全和运营安全的角度,提出相应的安全措施,形成了《江番高速公路与500kV高压线路共用走廊段施工安全指南》《江番高速公路与高压线路共用走廊段安全技术研究报告》等成果。

(二)以互相支持实现行业共赢

随着铁路、公路网密度不断增加,交通通道资源日益紧缺,各种交通方式间的交叉穿越逐渐增多。公铁交叉工程建设需要公路、铁路两家部门换位思考、共同支持。根据国务院关于推进降本增效、简化审批的指导意见,铁路、公路等基础设施应加强衔接,统筹考虑安全监管要求,努力实现"一张蓝图"统筹项目实施、"一个系统"实施统一管理、"一套机制"规范审批运行。

省南粤交通公司所属项目共有39处公铁互跨的重要工程节点,以往协调难度大、历时长,向来是控制性工程。为落实国家对于降本增效、简化审批的改革要求,更好地服务于广东省交通发展大计,省南粤交通公司充分发挥主导作用,主动作为,主动适应并充分了解铁路企业内部审批流程和要求,及时组织施工单位,尽早准备,同时加强对施工单位办理相关手续工作的指导,严密跟踪公铁互跨工程相关审批工作,全力以赴加快推进后续工程建设;与铁路部门建立公铁交叉工程建设管理协调工作机制,主动、定期协调对接,进一步优化公路上跨(下穿)铁路设计方案、施工许可等审批流程,减少审批环节,实行"并联审批",开辟"绿色通道"。

(三)以利益共享实现行业共赢

为落实广东省委省政府"进行项目沿线配套设施及相关资源综合开发、收益用于弥补政府还贷高速公路运营缺口"的战略决策,实现政府还贷高速公路项目服务区(停车区)加油站经营规模化、管理专业化和服务品牌化,构建南粤公路路网的特色服务质量管理。经充分调研、分析和论证,省南粤交通公司对所属项目服务区(停车区)加油站实施集中经营。各项目将服务区(停车区)加油站的经营权统一委托省南粤交通公司集中经营管理,并由公司通过竞争性谈判选取大型油企(中国石化、中国海油或中国石油)进行合作经营。加油站经营权严格按照《国有资产评估暂行办法》的规定进行评估,并以不低于评估值的价值注入合作公司。合作公司由省南粤交通公司控股,负责财务管理和油料采购等业务,合作他方负责加油站的投资、建设与经营管理(含安全管理)等。省南粤交通公司所得的经营利润将全部用于弥补政府还贷高速公路营运还本付息缺口,不占用项目的还本付息资源。

第四节 开放融合的平台

建设知识型、技能型、创新型劳动者大军是推动高速公路发展转型升级的重要支撑。转型要升级,关键靠人才,根本在人才。打造高速公路精品,需要重视人才培养和队伍建设,促成专业、诚信的从业者在公平公正、统一开放、竞争有序的市场中茁壮成长。省南粤交通公司成立之初,举步维艰。客观方面,公司底子薄,优良资产少,山区高速公路造价高,经济效益差;主观方面,管理和技术人员紧缺且来源复杂,需要磨合,两重双难一直困扰着公司。

为了打破困局,省南粤交通公司牢牢把握人才这一资源,贯彻落实以人为本的发展理念,通过重视人才队伍建设,推动开展技术创新,提升核心竞争力。一方面,重视从业人员合法权益的管理和保障,推动农民工向专业化产业队伍的转变。另一方面,加强劳务人员专业技能培训、建设管理人员素质培养和继续教育,拓宽从业者职业发展空间。

一、企业人才培养

自成立起,省南粤交通公司以海纳百川的胸怀,以开放包容的心态,集聚业主、设计、施工、监理、检测等专业管理背景的人才。目前,省南粤交通公司拥有员工6212人,其中中级工程师366人,副高级工程师245人,正高(教授)级工程师12人。在这一发展过程中,省南粤交通公司从不同层面推出多项举措,降低人才进入门槛,拓宽人才上升渠道,搭建集成创新平台。

在个人成长发展方面,省南粤交通公司通过创造有利条件促进员工和企业的和谐发展、共同成长,给予员工家庭般温暖的关爱和关怀,在感情上为员工的成长提供鼓励和支

持;通过完善薪酬激励体系、建立绩效管理制度、提供培训和发展机会,强化员工的知识、技能和能力,激发员工的理想、热情和创造精神,改进员工的行为、业绩和服务,使人力资源成为公司可持续发展的核心竞争力之一。

在人才集聚效应方面,公司综合考虑不同人才的专业技术工作经历,按专业特点和以老带新的原则,组建了多个专业的技术小组,以统筹现有优秀专业技术人员,发挥好技术小组的技术支撑保障作用,从而推进项目建设。专业小组的工作任务是发挥各自专业优势、立足本职岗位、服务公司全局。专业小组成立以来,对公司所属项目建设过程中的重大技术方案、重大工程问题处理、关键技术难点等提供了过程咨询和技术支持,适时向公司提交了有关技术管理建议或提案等,很好地引领各项目开展质量问题的事前预判、预防和预控,强化现场专业问题的事中事后处理、处置,达到了预期目的。

二、工匠集群培育

当前,我国正处在从交通大国向交通强国迈进的关键时期,培育和弘扬严谨认真、精益求精、追求完美的工匠精神对于建设交通强国具有重要意义。为此,要以树匠心、育匠人、出精品为抓手,大力弘扬工匠精神,为推进交通运输行业的"品质革命"提供源源不断的动力。

树匠心是生发工匠精神的根本。工匠精神,匠心为本。有没有工匠精神,关键是看有没有一颗安于默默无闻、执着于追求卓越的匠心。树匠心,就要坚守初心、执着专注,秉持赤子之心,摒弃浮躁喧嚣,在本职岗位上坐得住、做得好,做到专心专注、追求至精至善,将产品的每个细节都尽可能做到极致。树匠心需要良好的社会文化环境,尊重劳动、尊重知识、尊重人才、尊重创造成为社会共识,才能让工匠精神薪火相传、发扬光大。

育匠人是传承工匠精神的基础。工匠精神,匠人为基。广大技能人才是工匠精神的主要传承者、实践者、创新者。拥有一支技艺超群、敬业奉献的交通建设技术人才队伍,是建设交通强国的坚强保障。只有培养大批专业人才,才能有力支撑交通强国建设。培育专业人才既要激发其内在动力,又要构建有效激励机制。应在健全制度、落实措施方面做好顶层设计,建立健全培养、考核、使用、待遇相统一的激励机制。

出精品是践行工匠精神的目的。工匠精神,精品为重。精品就是优质产品。习近平同志指出,要弘扬"工匠精神",精心打磨每一个零部件,生产优质的产品。出精品要以精益求精的追求,从创新上找动力,在产品和服务两方面下苦功。在产品方面,应注重改进施工工艺,保障公路工程内在质量。在服务方面,应努力提升公路对沿线群众的服务水平,不断满足人民群众对公路产品的更高需求。出精品要以品质为保证,深耕细作,着力解决质量稳定性、应用安全性等问题。当前,应严格执行工序标准,加强从勘察设计、原材料供应、施工监理到运营维护的全过程管理,让工匠精神体现到公路产品的每一处细节。

省南粤交通公司在布局工匠集群培育方面,主动提高站位,以班组规范化管理为抓手,按照现代产业工人要求,与时代发展同步,与行业发展同行,促进劳务工人向从业工人转变,将劳务作业层纳入用工企业的一体化管理,打造一批追求工程极致的产业工人和工匠队伍,造就一支支技术精湛、作风过硬的不同专业的产业工人队伍,用行动践行以"精益求精、追求极致"为特征的工匠精神。

省南粤交通公司积极落实班组规范化管理制度。在实际工程建设过程中,公司通过各项目部要求各施工单位、施工班组进场后,加强实名制管理,及时建立或补充完善对应的人员实名制花名册。同时,主动探索以信息化管理手段为媒介的班组实名化管理制度,进一步提升班组管理水平。例如,公司下属部分项目开发了智能劳务工管理系统,各项目部可对各分包队伍的劳务工建立档案信息,进行劳务工资料登记录入(包括身份证信息、进场信息、联系方式等),并采用面部考勤机采集人脸信息建档和平时考勤核对。

为打造"南粤品质工程",大力弘扬工匠精神,全面推进工匠集群培育,调动一线工作者的积极性和创造力,激励广大施工作业人员大干快上的施工热潮,省南粤交通公司以崇尚质量、精益求精、匠心建造的"工匠精神"在项目上开展"红旗班组""优秀班组""工匠班组""先进个人"等评选活动,并对获奖班组和个人给予物质奖励并授予相关荣誉证书。同时,项目管理处(中心)联合总监办及试验检测中心定期举办劳动技能竞赛(图3-2),比如钢筋焊(连)接技能比赛、工程试验检测技能比赛、"五小"活动等,在技能比赛中邀请各标段施工工人、现场试验人员代表进行现场实际技能操作并评比,并在现场对获奖人员和团队直接发放获奖证书和奖金等。这些举措极大地提高了工人的施工热情,提高了班组施工的专业水平,使得工程实体质量得到提高。

图3-2 劳动技能竞赛

　　班组文化建设对于培养班组成员爱岗敬业、积极进取等精神有着至关重要的作用。以员工积极参与为原则,培养员工服务奉献、争创一流的精神,引导员工树立诚实守信、奉献社会的良好职业道德风尚。为此,省南粤交通公司所属各项目采取多样的文化建设形式和方法,体现企业和项目对员工的关怀,例如:充分发挥亲情感染作用,设立定时沟通机制,关心班组提出的需求和问题,并提供适当的帮助,与班组成员团结一致,共建品质工程;充分展现作为项目主体的担当作用,借助节假日等时机,举行关爱工友、慰问群众的送清凉、送温暖、集体生日会、节日慰问祝福等活动,春节期间对背井离乡的工友派送爱心车票,组织工友免费参加体检等,充分联动班组成员,打造和谐团队,促进班组文化的健康发展。

第四章

创造性推进品质工程

"管理就是把复杂的问题简单化,混乱的事情规范化。"

——杰克·韦尔奇(曾任通用电气集团CEO)

2016年8月22日,省南粤交通公司发布了《"南粤品质工程"创建活动方案》,以"公司+项目"双轮驱动为中心,以"项目全覆盖、过程全覆盖、建管养全覆盖"为目标,方法和措施两翼齐飞,公司引领,全员参与,大力打造"南粤品质工程"。

第一节 顶层引领,统筹服务项目品质建设

一、目标管理

"要向大的目标走去,就得从小的目标开始",正所谓好的开始是成功的一半,在以客户需求为中心、打造精品高速公路的终极目标下,品质管理要求管理人员详细审慎地综合考量项目建设的主客观条件,以确定有针对性的、可实施性强的具体的约束性指标。

省南粤交通公司结合当前项目建设管理形势,在总结国内外公路项目建设正反两个方面经验教训的基础上,以"质量、安全、进度、效益、廉政"同步推进为中心,逐渐形成一套符合自身定位和条件的目标管理方法体系。宏观上,要求各项目提高站位,从系统全局的高度,通过抓住高速公路工程项目系统中主要矛盾进行整体优化,抓大放小,在项目系统现有的内外条件下,实现项目最好的经济效益,并不断形成持续改进的良性循环。微观上,结合项目自身特点,以管理目标专业化为核心理念,分别制订既相互独立又相互联系的目标,包括:

工程进度目标。以项目通车节点为第一时序目标,要求各项目管理处(中心)又好又快推进项目建设,确保各自的全线通车目标,尽快实现社会效益和经济效益,努力实现省委省政府既定建成目标。

工程成本目标。各项目严格落实公司印发的《关于加强在建项目合同及造价管理工作的通知》,明确项目内部职责分工,严格执行公司管理制度,提高合同造价水平和管理水平,降本增效,实现公司"一控制、双不突破"(项目工程变更总费用控制在合同额的5%之内,概算不突破估算和决算不突破概算两点要求)的项目造价管理目标。

工程质量目标。结合近几年广东省公路交通工程质量水平,细化公路建设项目路基、

桥涵、路面、机电、安全、房建等质量分项管理目标。各参建单位按照目标加强现场管理，杜绝发生重大质量事故和一级一般质量事故，有效预防二、三级一般质量事故，尽可能减少质量问题；积极推行新工艺、新工法，不断总结经验，持续提高质量水平。交工验收高于95分，竣工验收评定为优良，个别项目要求关键质量指标一次抽检合格率不低于95%。争创交通运输部"品质工程"示范项目。

安全保障目标。以科学发展观为指导，贯彻"安全第一、预防为主、综合治理"的方针，坚持抓基础、抓示范、抓关键的原则，全面开展"平安工地"建设，着力推进公司所属各项目安全管理标准化建设，不断提升安全生产管理水平和能力，促进项目安全生产形势的持续稳定。通过开展创建"平安工地"建设活动，落实安全生产法律法规技术标准等，全面夯实安全生产基础工作，有效控制安全风险，实现零伤亡责任事故的安全生产目标，争创交通运输部"平安工地"或"平安工程"示范项目。

环境保护目标。公司要求各项目在环保水保方面，坚持做到"少破坏、多保护；少扰动、多防护；少污染、多防治"，使环境保护监控项目与监控结果达到设计文件及有关规定，贯彻执行率和覆盖率达100%，并做到环保水保与工程实体实现"三同时"（环境保护与工程建设同时设计、同时施工、同时交付使用）。污染物排放达标，最大限度节能降耗、营建绿色低碳工程，争创交通运输部"绿色公路"示范工程。

廉政建设目标。打造"廉政阳光工程"，确保无违法违纪案件发生，无重大上访事件发生。严格遵守国家关于市场准入、项目招标投标、工程建设、施工安装和市场活动等有关法律、法规、相关政策以及廉政建设的各项规定。严格执行建设工程项目承发包合同文件，自觉按合同办事。业务活动必须坚持公开、公平、公正、诚信、透明的原则，不得为获取不正当的利益，损害国家集体和对方利益，不得违反工程建设管理的规章制度。在工程建设的事前、事中、事后必须贯彻落实工程领域突出问题专项治理实施方案，规范招投标活动，推进决策和规划管理工作公开透明，建设规范的工程建设市场体系，落实工程建设质量和安全责任制。

二、制度管理

（1）制度规划。制度建设是实现科学管理、保障品质工程有序推进的重要前提。省南粤交通公司在建设目标确定的前提下，吸取省内同行业经验，结合实际，在建立董事会、经营班子、监事会运作机制和工作制度的基础上制定了人事、工程、营运、财务、预算、行政、法务、党群等业务管理方面的制度，并从长远着眼，制定了公司会计政策，建立适合政府还贷高速公路长期健康发展的财务模式和会计体系。目前，公司在章程的基础上已再建立规章制度约70项，现有业务均有章可循，实现规范高效运作，从制度层面确保公司所属各项目"实施有标准、操作有程序",具体制度名称参考附录 A 和附录 B。

（2）会议制度。在完善制度建设的基础上,省南粤交通公司推行"点穴"式管控,通过组织召开路面质量技术交流会议、建设项目征地拆迁专题工作会议等专项会议,精准解决问题。例如,召开建设项目征地拆迁专题工作会议,对如何继续规范推进好征地拆迁、加强廉政建设提出工作要求；针对路面设计工作,组织开展高速公路路面结构方案专项调研,并召开路面质量管理专题研讨工作会议,统一明确公司所属各项目路面结构总体设计要求,有效保障后续整体路面质量水平；分别组织召开桥梁、岩土、隧道、路面、压浆施工及试验检测、房建、科研等专项技术管理宣贯会议,有效加强公司及各项目参建人员基建管理意识,提高整体基建管理水平。

（3）检查制度。省南粤交通公司紧紧控制住工程建设质量这一制高点,在所属各项目推广"1 + X"检查模式,即以开展质量综合大检查为主,辅以专项检查、日常巡（检）查等方式,督促各项目加强质量管理,落实质量管理责任,提高工程质量。例如,由公司组织对所属在建项目开展年度质量综合大检查以及隧道、桥面整体化层施工专项检查；督促各项目自行开展桥梁支座、软基处理等专项检查；开展征地拆迁档案专项检查,有效规范所属各建设项目征地拆迁档案管理行为；结合各在建项目主体工程建设推进情况,同步推进交通工程（房建、机电、交安、绿化）设计、施工相关监督、检查、指导和服务,从紧做好相关监督、检查、指导和服务。

（4）问题纠偏制度。针对公司所属各项目存在的短板问题,省南粤交通公司主动发挥业主的主导作用,建立领导定期督导和联络人制度、协调联动机制,加强督导协调,定期开展督导纠偏。例如,省南粤交通公司多次与承建单位就问题及时开展专题会商分析会,协调解决项目推进中的质量进度短板；积极依托省高指层面的协调、督导、考核平台机制,重点对项目中涉及征地拆迁工作相对滞后、遗留问题较多的地市进行督导,积极破解"硬骨头"问题；加强与供电部门对接,加快推进建设项目高压电力线迁改工作,及时办理线路迁改方案、停送电等报批手续等。短板问题的及时解决使得项目总体在均衡的状态下有序推进,为品质工程的创建和管理打开了空间,创造了条件。

（5）技术交流制度。省南粤交通公司注重技术交流,通过"走出去、请进来",与省内外公路建设项目广泛沟通,学习总结先进经验。例如,组织召开桥梁建设管理交流会,集中学习贵州北盘江特大桥等桥梁建设管理经验；组织赴港珠澳大桥、虎门二桥交流学习,深入了解当代超级工程的建设管理经验；邀请专家对公路工程质量检验评定标准、施工监理规范、交通安全设施设计等新规范标准文件进行宣贯,及时掌握行业新标准新要求。

第二节　集成创新，实现品质工程落地

一、品质工程实施方案先行

按照省南粤交通公司统一部署，以《"南粤品质工程"创建活动方案》为基础，公司所属各项目结合自身特点，分别制订品质工程创建活动实施方案。在创建内容方面，各项目对照主活动方案，从培育品质工程建设理念、推进设计理念提升行动、推进现场管理提升行动、推进路域景观提升行动、推进服务能力提升行动五大方面开展品质工程创建活动。在具体措施方面，各项目灵活设定创建内容，丰富了南粤品质工程的创建实践。例如，河惠莞项目在设计阶段要求加强路域景观设计，注意节约集约土地资源；龙怀项目龙连段注重提高机电房建设计质量，严格关键工序控制，质量管理责任落实到人，结合打造龙连段优质样板工程和建设山区生态和谐路的美好愿景，持续加强宣传文化导向，探讨"品质工程"内涵外延；清云项目在品质工程实施方案中，创新钢箱梁焊缝设计，推进建筑信息模型技术(BIM)在西江特大桥建设管理的应用，同时抓好后续路面耐久工程、标线提升工程、景观工程精细化管理。

二、建设时序优化

建设时序优化即项目进度管理优化。高速公路项目能否在预期的时间内顺利进行并交付使用，直接关系到投资效益的发挥。公路项目建设一般由可行性研究、设计阶段、招投标阶段、建设实施阶段、交竣工验收及后评估阶段组成。为了更好地优化、调整项目建设进度，需合理制订工程项目进度计划，将工程项目目标进行分解，落实责任。通过落实阶段性的施工计划，保证总体施工计划目标的实现。

省南粤交通公司要求所属各项目管理处(中心)、各参建单位的计划按照标准化管理要求做到四个"统一"：统一要求、统一软件、统一格式、统一数据库，促使各专项计划达到科学、合理、可实施的效果。重视承包人进度计划的审批，必要时组织专家审查承包人总体施工进度计划。总体施工进度计划一经审批就必须保证其严肃性，成为参建各方必须共同遵守的合同性文件和控制依据，无特殊情况不得随意更改。

省南粤交通公司对建设项目进度控制管理提出了一系列详细的规定。依据公司的相关规定，管理处(中心)进行日常现场检查，及时掌握所辖标段工程的人、机、料等资源配置

和现场进度情况,抓住主要问题,重点跟进滞后工点,必要时约谈或提请上级单位约谈相关参建单位法人。

各项目管理处(中心)在实际工程建设过程中,结合自身项目特点,综合比较不同进度计划编制方法的利弊,选择相适的计划编制方法。例如,粤北山区雨水较多,4至9月份为传统雨季,晴天较少,对高速主体施工尤其是土方的施工极为不利,而龙怀项目龙连段各施工单位进场时正值雨季,为了给控制性工程争取宝贵的施工时间,使全线各施工单位能够尽早进入主体施工阶段,尽可能利用旱季推进主体工程进展,龙连管理处采取了分阶段设计、招标、进场的前期筹备方案,其中设计方面要求设计院整合资源,分先行工程、控制性工程和其他工程三个阶段分批提交设计图纸,同时管理处根据三阶段设计施工图纸的提交时间,部署了三阶段招标方案,分批次招标,集中精力完成控制性工程的招标工作,最终使控制性工程标段相对一般性标段能够至少提前两个月进场施工。

除主体工程外,各项目结合实际情况,对交安、房建、绿化、机电等附属工程也进行了一定的建设时序优化调整。如:仁博项目仁新段采取多项措施,通过实行房建工程与主体土建捆绑招标,保证管理中心、收费站、服务区、停车区同步建成投入使用;在交工验收前,组织营运养护专业人员开展质量专项检查,从营运视角查缺补漏,尽早发现及解决问题;在机电工程施工管理工作中,云湛项目阳化段、仁博项目新博段在常规管理基础上,优化机电工程建设时序,配置机电实验室,提前搭建模拟车道及外设场景,对车道外设设备及外场监控设备在实验室提前进行系统的集成化运行。通过实验调试发现系统联调时存在的软硬件兼容问题,及时组织设备厂家及软件系统开发公司技术人员解决问题,提高完工后联调的成功率;同时在实验室提前对机电设备进行调试,并配置好设备参数,确保安装到现场的机电设备质量,压缩调试时间。通过在实验室对核心设备的测试及参数配置,为机电工程施工提供相应的指导意见,可以减少机电施工过程中容易出现的失误或错误,减少安装设备后再调试的各设备厂家间的沟通工作,给工程施工节省了宝贵的时间。

三、管理流程再造

在推进"南粤品质工程"创建活动中,各项目围绕项目建设实际,在推进常规项目建设管理工作中,积极探索开展以目标结果为导向的多样化管理手段,不断创新再造管理流程。

仁博项目仁新段坚持每月由管理处主任带队对所有标段开展质量安全月度综合大检查,检查组分外业组和内业组,外业组对现场实体质量进行检查和检测,内业组对施工内业资料的完整性、真实性以及档案管理情况进行检查,现场对检查工作进行总结,对于不符合要求的标段和检查检测项目及时通报,要求各参建单位按照"三定"原则(定责任人、定措施、定期限)落实整改,管理处按台账式管理方式,持续跟踪,确保整改完成率达到100%。

路面工程大面积摊铺施工时,机电工程、交通安全设施、绿化工程、外供电施工、伸缩缝施工等后续工程同时交叉,给沥青路面施工带来大量污染源,如泥土、油渍、建筑垃圾等,直接影响路面结构层的黏结性,存在质量安全隐患。仁新管理处推行路面"零污染"施工,印发《路面工程"零污染"施工管理细则》,明确责任,坚持"谁污染、谁负责"原则,将防污染指标纳入考核范畴,从管理、组织、技术层面多角度、全方位提高路面施工质量和工程管理水平。路基实行"全断面"交验,工作界面验收不合格的不允许下道工序施工。推行土路肩滑模填土工艺,基本一次成型,质量好、工效高,与后续交安绿化的施工交叉干扰少。推行混凝土护栏及路缘石底座基础滑模工艺,在下基层上采用滑模施工混凝土护栏及路缘石底座基础,改变以往传统路面施工工艺的顺序,下基层完成后接着施工底座基础及预制件安装,随后施工上基层,基本实现沥青路面施工"零污染"。

为了给路面施工提供连续的工作面和防止路基施工对路面可能造成的污染,化湛管理处全力推行路基全断面交验(图4-1),要求交验路段必须是连续、完整的段落(交验路段台背回填、排水、绿化以及防护工程须同步完成,桥梁需半幅贯通),交验长度原则上不少于1km。

图4-1 路基全断面交验过程

为实现项目完美通车的目标,化湛项目开展了以"品质化湛""扫清三改零污染,工完场清零缺陷,工完账清零手尾"为主题的2017年春季劳动竞赛,对"上边坡工程""下边坡工程""涵洞""桥台锥坡""桥下空间""桥梁下部结构工程""桥面系"等七个大项进行专项评比(图4-2~图4-4)。最大程度扫清路面大面积施工障碍,加快路基收尾,同步启动了"工完场清零缺陷"竞赛。为配合"工完场清零缺陷"竞赛,化湛管理处开展了"化湛非常行"活动,组织各参建单位工程管理人员以徒步行走的方式,对云湛高速化湛段98km进行细致巡查,确保工程质量无死角。为推行工完场清活动,化湛项目做到"三早三有":

(1)早发现——2017年8月15日前全线缺陷初次调查完成,并建立相应的缺陷管理台账,总监办组织定期复查、排查,动态更新缺陷台账并在每周一上报管理处。

图4-2 "工完场清"之桥下空间

图4-3 "工完场清"之下边坡

图4-4 "工完场清"之上边坡

（2）早处理——对于所发现缺陷有明确整改期限，及时对缺陷进行修复处理。

（3）早闭合——针对检查中发现的缺陷问题必须在整改期限内整改完毕，经过业主、监理验收完成后，闭合台账。

（4）有检查——每周总监办会同业主代表进行不少于一次的复查及巡查，并及时更新台账，及时了解各项目经理部整改积极性。

（5）有落实——针对业主、监理的巡检情况，对工作不及时的，业主代表或总监办形成书面整改通知（监理指令或整改通知单），明确整改要求及整改期限。

（6）有复核——每周总监办会同业主代表进行不少于一次的复查，并及时更新台账，对整改期限内未完成整改的进行相应处罚，并再次限定整改期限，直到整改到位为止。

仁博项目仁新段采用检测技术先进、检测时间短的电化学分析法（电位滴定法）作为项目全线改性沥青SBS含量的检测方法，如SBS含量小于4.5%则判定为不合格。云湛项目化湛段全线所有水稳拌和站、水泥混凝土拌和站、沥青拌和站及沥青摊铺机安装信息管理系统，实现对水稳拌和站、水泥混凝土拌和站生产过程中用水量、水泥剂量、集料用量、级配偏差、拌和时间、外加剂用量等指标的动态监控；做到对沥青面层施工过程中混合料油石比、拌和温度、出料温度、摊铺温度、摊铺速度等指标的动态监控。清云项目建设过程中，将正交异性板U肋机器人自动化内焊技术引入到钢箱梁顶板U肋中应用，有效解决了钢箱梁U肋无法内焊的通病，大幅提高钢箱梁顶板的疲劳性能，提高了钢箱梁结构耐久性，如图4-5所示。

图 4-5　U 肋内焊技术应用

四、品质氛围营造

为加强和规范公路建设管理，提升公路建设项目形象，促进工程质量、安全管理及文明施工水平的提高，省南粤交通公司积极开展公司所属项目之间、公司所属项目与非公司所属项目之间的公路建设先进经验的交流与推广活动。公司所属各项目管理处（中心）通过印发《工艺工法交流图集》，开展路面、品质工程、管理经验的交流学习、宣贯、现场观摩、优质优价等活动，推动各标段项目管理水平均衡发展。

省南粤交通公司注重对现场管理人员和一线作业人员的教育培训，通过邀请专家授课培训、组织省内外项目交流学习、各标段之间相互学习等"引进来与走出去"相结合的学习模式，让广大项目建设者尤其是现场管理人员对"南粤品质工程"创建活动形成共识。大力倡导创新工艺、先进工法，提出以设备保工艺、以工艺保质量、以质量提品质的理念。大力推广机械化、智能化施工与先进适用的工艺工法，加强施工信息化监控管理，对部分材料生产运输环节、关键施工环节进行实时监控。积极组织人员开展先进管理、工艺、装备、产品、技术等交流和推广活动，树立管理和实体标杆示范，促进各标段项目管理水平均衡发展。同时针对关键工序和重点工程组织全线现场交流观摩会，如桩头处理、梁板预制、桥面铺装施工、防撞栏施工、伸缩缝施工等，通过树立全线质量标杆，严明质量要求和底线。

清云项目组织开展了"钢筋机械连接接头加工"技术比武活动、桥面系施工观摩交流会、"微创新"成果总结、路面专题培训会和"品质班组"评选会。这些活动有效地发挥示范带头作用，进一步提高了各参建单位及班组作业人员的工程质量意识、技能水平和管理水平。

河惠莞项目及时总结先进施工工艺和工法，全线推广，施工现场的工艺水平显著提高,现场实施工程质量指标控制更精确。如采用冲击压路机和重型压路机对高填路基进行补强压实并通过全球定位系统(GPS)监控,推广钢绞线编束平台,钢筋墩粗直螺纹连接工艺,聚氯乙烯(PVC)套管钢筋防锈工艺,台背液压夯实设备,隧道中推广使用工字钢固定台架和隧道"四件套"(三级钢筋调直设备、智能钢筋焊网机、圆管数控打孔机和导管尖头成型机)等。

潮漳项目预制梁场全部实现预应力智能张拉与压浆、拌和站全部实现数据自动传输、工地试验室全部安装视频监控系统,推广应用墩柱自动喷淋养生、电缆沟槽滑模台车、桥面整体化层采用轻质振动梁摊铺及自动拉毛工艺、滚焊机加工钢筋笼等。

化湛管理处坚持示范引领,围绕重点部位、隐蔽工程、附属工程、质量通病,强力推进"品质化湛"精细化管理,制订了标准化建设管理办法和阶段性标杆工程竞赛实施方案,定时评选标杆工程,并加以推广,实现以点带面,以局部促整体,从而达到全面提升。

仁博项目仁新段大力开展"安全生产标杆"创建及推广活动,2016—2018年重点培育和推广桥梁墩柱(盖梁)施工、现浇箱梁(盘扣式支架)、隧道施工、安全教育培训、路面施工交通管制、桥面系施工安全管理、三集中临时用电、隧道爆破安全管理、平安班组建设、施工安全风险分级管控、"云平台+手机应用程序App"在路面交通管制临时通行车辆安全监管中的应用、长大隧道内交叉作业安全风险管控、"A、B、C"法安全隐患整改分级复查管控等14个标杆项目,并在项目全线推广应用。其中工人安全生产教育培训、隧道施工和平安班组建设被评为省南粤交通公司标杆。

五、其他方面

(一)创新成本管理

省南粤交通公司要求管理处(中心)在招标工作完成后,拟定施工期间的投资控制目标,并合理分解目标,分阶段、按分项工程严格控制,进行严格的投资成本过程管理。公司要求各级技术主管会同参建各方人员,综合考虑安全、环保、技术、经济等因素,合理优化设计方案。

在应用"四新"技术和推广"微创新"方面,省南粤交通公司所属项目充分调动各参建单位的积极性、创造性,鼓励施工工艺、工法和施工技术创新,在确保施工质量和安全前提下提质增效。

各建设项目要求施工单位在临建阶段一次性做好便道规划,因地制宜,在尽可能避免破坏植被环境的前提下,一次性拉通关键施工点进场线路,确保人、机、料能够顺利到达施工现场,同时避免二次改道增加施工成本和时间。部分山区高速公路项目将预制梁场设置在主线路基上(图4-6),最大限度地减少了线外征地,保护了生态环境和基本农田同时通过梁场基础再利用研究,避免二次破除和投入,既节约了预制场、弃渣场、运输便道用地及用地复绿复垦,又节省了施工和建设成本。

图4-6　预制梁场在主线路基上建设

隧道作为山区高速公路常见的构造物,不可避免地产生大量废弃洞渣。受施工工艺、组织管理等方面因素影响,洞渣往往得不到很好的利用和合理调配,需大量占用耕地农田作为弃渣场。针对隧道洞渣综合利用问题,省南粤交通公司对部分项目实行隧道与路面工程捆绑招标,将隧道洞渣加工成碎石用于路面工程、路基填筑、涵台背填筑,实现了隧道洞渣的循环利用,减少了对自然环境破坏。

（二）推动工地建设标准化

工地建设标准化主要包括驻地和施工现场的标准化。按照"满足功能、符合需求、集约高效"的原则,依山区和平原两大类地形具体设置,规模适度,不贪大、不攀比。实行"四统一、三集中",即统一施工监理驻地、工地试验室、施工便道、标志标牌的建设标准,混凝土拌和、钢筋加工、混凝土构件预制采取集中作业方式,初步达到作业环境、材料制备、产品质量"三优良"。

省南粤交通公司要求所属项目认真落实工地建设标准化,实现施工场站选址合理、安全风险可控、功能分区科学,满足施工标准化和安全生产要求。以提高生产效率为中心,积极推行工点工厂化管理。通过全面实施工地标准化建设与管理,改善生产、生活环境,保障从业人员的安全和健康,促进施工现场的集约化管理、工厂化生产、专业化施工和工程质量、安全管理及文明施工水平的提高,营造出良好的安全文明施工氛围,全面提升企业文化,实现一流的施工现场管理、一流的施工现场形象、一流的施工作业环境、一流的项目管理水平,提升高速公路建设管理水平和工地形象。

在具体实施过程中,根据广东省交通厅《关于印发广东省高速公路建设标准化管理指南(试行)的通知》(粤交基〔2010〕1375号)要求,省南粤交通公司各所属项目对临建工程及项目建设实行标准化管理并印发了标准化管理手册。在工地建设方面,重点推行"三个集中",实行方案评审及验收制度,严格按照"双标"管理要求,组织监理单位对施工单位临建方案进行审查,审查通过方可施工。过程中加强对方案落实的检查,最终验收合格后方可投入使用。施工单位和监理单位的项目驻地均体现"以人为本"的要求,办公、住宿环境整洁、优美,拌和站及钢筋主加工场布局合理,功能满足要求。通过临建标准化建设,各参建单位在项目建设伊始就树立了标准化管理的意识。

驻地建设以"花园建在项目经理部"为原则,达到美化、怡人的效果;驻地场地内绿化不小于30%,树木、乔木、花木和草坪搭配;项目经理部内道路两侧种植行道树或布置花草盆景。每间办公室配置两盆以上花草盆景,会议室作重点布置。为满足项目部人员的文体生活需要,驻地内还应设有一定的文体设施。如图4-7、图4-8所示。

图4-7　云湛项目吴川支线项目经理部

图4-8　揭惠项目部驻地景观

混凝土拌和站、钢筋加工场、预制梁场等"三集中"场地必须在标段沿线选址建设,加工的成品、预制的小型构件、拌和的混凝土等,尽可能缩短运距,第一时间供应到标段全线施工现场,同时确保地方道路至"三集中"道路畅通。"三集中"场地规模必须符合标准要求,拌和站的生产能力、料仓的储量、钢筋加工场的规模、预制梁场台座数量、存梁区大小及小型预制场产能等必须满足高峰期的施工需求,必须保证主体施工质量和进度需要,确保施工连续性。如图4-9、图4-10所示。

(三)打造施工作业标准化流程

施工标准化是提升公路建设管理水平的有力措施,是保证工程质量安全的有效手段,是凝聚行业共识的良好平台。施工作业标准化涵盖路基、路面、桥涵、隧道、绿化及防护、交通安全与机电等各项工程,通过优化施工工艺,严格工艺管理,提高施工效率和实体工程质量。规范质量检验与控制,强化各类验证试验和标准试验,做到检测项目完整齐全、检测频率符合要求、检测数据真实可靠。加强对隐蔽工程、关键工序的过程控制和验收，确保工程各项指标抽检合格率达到规范要求。

图4-9　云湛项目化湛段梁场及拌和站　　　　图4-10　龙怀项目连英段TJ25合同段临建"三集中"建设

以"双标"管理为抓手，省南粤交通公司所属建设项目均结合自身特点，积极推行工艺标准化，以强化标准化管理。根据现场施工进度，阶段性、针对性地对现场施工容易出现的质量通病、重点工序、关键工序下发作业指导书、标准化施工手册、标杆画册等，指导现场规范化施工，严格落实交通运输部《高速公路标准化管理指南》和广东省交通运输厅标准化建设相关规定。

积极推行首件工程质量与标准化管理，省南粤交通公司要求各项目管理处（中心）不仅针对工程主体结构制定首件验收考核办法，还进一步要求首件制拓展延伸至各附属工程，即各附属工程（例如房建、交安机电和绿化等）分别制定对应的首件验收管理办法。严格执行首件验收制度，由管理中心、监理单位联合组成验收小组，对工程实体质量实行首件验收，达不到首件标准或在后续施工中出现质量下滑的，将重启首件验收程序。及时总结提炼相关经验，减少不合格产品返工率。云湛项目化湛段推行"标段小首件，全线大首件"的管理方法，并制定了《汕（头）湛（江）高速公路云浮至湛江段及支线工程化湛段"首件工程认可制"实施细则》。对每一个分项工程，在开工前从技术培训、技术交底、施工工艺、技术要求、质量控制等方面进行分析、论证，制订施工组织设计。按施工组织设计中的工艺技术要求先完成样品工程，随后对样品的各项质量指标进行检测，并对检测结果进行分析、对比，再对施工组织设计进行修改完善，最终方可正式施工。适时开展专项检查，对于大面积铺开后质量反复下滑、管理变形走样的，要求重新做首件，严厉打击"首件制"与全面施工两张皮现象。

（四）打造信息化公路建设品质管理体系

省南粤交通公司所属各项目在工程建设过程中，积极推行工艺监测、结构风险监测预警、隐蔽工程数据采集、工程项目管理信息化、远程视频监控等技术在施工管理中的整合应用。项目建设实践中，各项目在工程质量、安全生产、试验检测、档案管理、"三集中"方面推行管理手段信息化。例如，管理处（中心）充分利用"互联网+"技术，发挥QQ群、微信工作群、微信公众号等平台作用，及时记录发现的质量安全问题，及时跟踪落实整改；利用办公自动化（OA）办公系统及交通通行能力计算方案（HCS）办公系统，大大提高办公效率。此外，通过安装隐患排查系统、特种设备管理系统、重要工点视频监控系统、栈桥门禁及人员定位系统等，确保安全生产。

智慧工地是指运用信息化手段，通过三维设计平台对工程项目进行精确设计和施工模拟，合理运用传输传感、人工智能技术，围绕施工过程管理，建立互联协同、智能生产、科学管理，将数据、信息进行挖掘分析和展示，以提高工程管理信息化水平，从而逐步实现绿色建造和生态建造。

省南粤交通公司将"智慧交通"建设要求落实到公路工程建设中来，结合南粤自身特点打造"智慧工地"，同时立足"智慧建造"，注重提升建设管理效能，围绕施工过程管理，建立互联协同、智能生产、科学管理的信息化管理生态圈，实现工程施工可视化智能管理，提高工程管理信息化水平。依托"互联网+"技术，以"质"的转变提升工程管理水平；依靠"大数据"平台，以"量"的转型提高工程质量安全分析水平。公司所属各项目在搭建"智慧工地"应用架构时，以现场应用、集成监管、决策分析、数据中心和行业监管为主要着眼点。现场应用通过小而精的专业化系统，充分利用建筑信息模型（BIM）技术、物联网等先进信息化技术手段，适应现场环境的要求，面对施工现场数据采集难、监管不到位等问题，提高数据获取的准确性、及时性、真实性和响应速度，实现施工过程的全面感知、互通互联、智能处理和协同工作。集成管理通过数据标准和接口的规范，将现场应用的子系统集成到监管平台，创建协同工作环境，搭建立体式管控体系，提高监管效率。同时，基于实时采集并集成的一线生产数据，建立决策分析系统，通过大数据分析技术对监管数据进行科学分析、决策和预测，实现智慧型的辅助决策功能，提升企业和项目管理者的科学决策分析能力。通过数据中心的建设，建立项目知识库，再通过移动应用等手段，将知识库植入一线人员工作中，使知识发挥真正的价值。

（五）精耕细作品质管理

省南粤交通公司以"精、准、细、严"的要求，对所属各项目日常管理以及工程重点部位、关键环节实施精细化管理，强化组织管理、优化施工工艺，重视首件工程，加强细节管理。包括：做好甲供材（钢筋、水泥、钢绞线、沥青等）质量监管工作，采用全球定位系统（GPS）新技术，监测行车轨迹，对甲供材料进行全过程跟踪管理；加强甲控材的准入监管，尤其对土工合成材料、桥梁工程伸缩缝、支座、减水剂，路面工程面层集料、填料，交安工程标志标牌反光膜、标线涂料、波形护栏等关键甲控材料加强日常质量检查,对不合格产品坚决清退出场,并对有质量问题的厂家实行退出机制;加强原材料存放管理,砂石材料严格分档、隔离堆放,钢筋架空堆放、覆盖严密;加强原材料质量检测,加强试验检测中心对各标段原材料检查工作,严禁不合格的原材料进入施工场内,从源头确保工程质量。

建立结构物关键指标质量检测台账及质量问题跟踪整改台账。为落实"双标"管理,保证工程实体质量,各管理处(中心)采购混凝土回弹仪和钢筋保护层厚度测量仪,安排专人对全线结构物混凝土回弹强度和钢筋保护层厚度等关键指标进行检测,并建立台账。各管理处(中心)成立质量巡查小组开展工程实体质量检测,对检查存在的问题建立跟踪管理台账,确保工程实体质量问题得到有效整改。

第五章

典型案例
——仁博项目

第一节 项目概况

一、总体情况

广东省仁化（湘粤界）至博罗公路，是国家高速公路网"武汉至深圳高速公路"的重要组成部分。该项目建设对进一步完善国家及省高速公路网，加强广东省与湘赣两省的交通路网衔接，打造粤湘赣旅游经济带，增强珠三角地区对粤北乃至内陆经济辐射能力，带动形成粤北农业产业链，促进区域协调发展具有重要意义。仁博高速公路项目位于韶关市、河源市、惠州市境内，路线整体呈南北走向，起于韶关市仁化县城口镇，接湖南省炎陵至汝城（湘粤界）高速公路，途经仁化县、始兴县、翁源县、连平县、新丰县、龙门县，终于惠州市博罗县，与博深高速公路顺接，路线全长约271.714km。其中，仁化至新丰段路线全长163.933km，新丰至博罗段路线全长107.781km。

仁博项目位于广东省北部山岭重丘区，路线穿越林区、山峦、河流，具有桥隧比高（约33.4%）、高边坡多的特点。

二、建设难点与重点

仁博项目位于粤北山区，地形条件复杂，需穿越崇山峻岭，跨越峡谷河流，穿越无人区等，进场施工组织异常困难。如榕树隧道出洞口、茶场1—3号大桥、锦江大桥位于无人山林区，山体极其陡峭，植被茂密，锦江河环绕山体四周。这一区域与外界隔断，缺少电力通信设施，交通条件极差。沿线区内存在软土地基、崩塌与滑坡、煤系地层、采空区、溶洞、断裂破碎带、水土流失、孤石滚石危岩，区域内超过30m的高边坡237处、高墩609处，加之区域内极端天气较多，进一步加大施工质量控制难度，安全风险亦同步提高。

仁博项目沿线自然景观资源丰富，区域内既有山峦风光、川峡急流、岩溶奇观，如南山省级自然保护区、广东车八岭国家级自然保护区、丹霞山国家地质公园、龙门地热温泉区、粤北华南虎省级自然保护区等10多处保护区；还经过花山水库、冷水径水库、横溪水源保护区和梅下水库水源保护区等敏感水体；更有众多的人文旅游景区，如风景秀丽的蓝田瑶族少数民族聚居地和浓厚的客家文化地翁源县。这些丰富的旅游、生态农业资源，对环保景观选线、设计以及施工过程中的生态保护提出更高的要求。

仁博项目共设隧道17座，总长35945m，其中特长隧道3座，分别为：笔架山隧道、青云山隧道、九连山隧道。隧道断面分四车道和六车道两种形式,其中特长隧道均为双向六车道隧道,隧道弃渣量大,临时及永久供电工程量大,营运期能耗高。

地形复杂、不良地质分布、绿色追求、工期压力、极端天气、路线长、上跨道路多等多重要素重叠影响,且相互较难兼容,如何协调统一、同步推进考验着该项目的每位参建者。

第二节　品质创建措施

项目建设管理是项目建设的核心。仁博项目全线271.714km,沿线基本为低山丘陵和重丘地形地貌,现场作业质量安全管控难度大。仁博管理中心秉承"严格管理、主动服务、高效执行"的工作作风,以优质耐久为核心,强素质、重执行、讲规范,逐渐形成了独具特色的质量管理模式,使工程质量稳步提升,品质工程深入人心。仁新管理处以精严促耐久、提品质,推行"1+6+1"管理模式,即:1项质量监管核心思路,6项质量管理保障措施,1项分级到位管控。新博管理处以科技促发展、提质量,推行"三创新一推广"管理模式,即:创新管理手段、创新工程技术、创新工艺工法,全面推广新工艺工法。管理中心在明确管理重点后,配备了精干的管理人员和技术人员,制订了完善的质量保证体系和各项规章制度,相关人员切实履行基本建设程序,严格招投标管理。在项目前期,管理中心准确定位项目功能和服务水平,合理推荐建设方案,努力提高科技含量和品质要求。在项目实施过程中,管理中心严格遵循考核奖惩制度,做好设计、施工、监理等参建单位的沟通和协调工作,加强经验学习交流,各方人员为保障工程品质形成聚合力。

一、创新项目管理模式

(一)仁博项目仁新段创新性实施"1+6+1"质量管理模式

在项目管理过程中,仁新管理处结合打造品质工程建设目标以及以往项目经验,创造性地提出"1+6+1"质量管理模式,使项目质量管理体系化、精细化。"1+6+1"具体为:

"1"是明确质量监管核心思路;

"6"是六大质量管理保障措施:以业主检查为导向,以关键指标为抓手,以创新工艺为突破,以活动开展为载体,以材料准入为手段,以首件验收为前提;

"1"是率先实施分级到位管控。

1. "1"是明确质量监管核心思路

仁博项目仁新段质量管理工作始终将"业主全面主导"这一核心思路贯穿于整个项目

建设全过程。质量管理、技术管理、安全管理、档案管理、变更管理、进度管理等各项工作均以业主为主导，秉承"严格管理、主动服务、高效执行"的工作作风，强素质、重执行、讲规范。仁新管理处每月定期组织质量安全大检查和各专项检查，由管理处主任、分管质量安全副主任亲自带队进行检查；管理处成立工程技术管理团队，由管理处总工牵头、各专业工程师分专业负责，严格工程技术管理。

2."6"是六大质量管理保障措施

为确保质量管理既定目标实现，管理处主要采取了六大质量管理保障措施：

（1）以业主检查为导向。

定期组织开展月度质量大检查和各专项检查（图5-1、图5-2），全面督促落实标准化施工各项管理规定。

图5-1 例会现场

图5-2 工地试验室检查

（2）以关键指标为抓手。

制订了主体土建"十八项"、路面"十一项"、房建"十三项"、交安"九项"、机电"十二项"和绿化"六项"质量管控指标，设定了"红线合格率"和"目标合格率"，明确低于"红线合格率"一律返工处理，对综合低于"目标合格率"较大范围的，对合格率指标相对较低的结构物进行返工，以保障"目标合格率"。

（3）以创新工艺为突破。

大力推广"创新工艺和施工机具"。倡导以设备保工艺、以工艺保质量、以质量提品质的理念，鼓励创新，大力推广机械化、智能化施工与先进适用的工艺工法，有效抑制质量安全通病，对施工质量、安全、环保和工效的提高起到良好效果。

（4）以活动开展为载体。

开展了"我是一名工程师""五赛五比""优质优价""优监优酬"等考评活动奖优罚劣。通过各项工程质量评比活动的开展，不断加强现场质量管控，有效调动了各参建单位的主动性、积极性和创造性，带动、促进项目工程实体质量和建设管理水平的整体提升。

(5) 以材料准入为手段。

严把原材料进场关,切实加强对甲供材料、甲控材料、自购材料以及自产材料的进场和使用管理。施行地材黑名单制、"两准入"制("大型组合钢模板和二衬台车准入制"和"桥梁支座、伸缩缝、土工材料、锚具等甲控材料准入制")、甲控材料产品质量缺陷退出机制、自购地材质量缺陷阶段性停用机制、自产地材质量缺陷阶段性停产机制等,从源头上为实体工程质量提供保证。

(6) 以首件验收为前提。

严格执行首件验收制,对首件验收不合格的坚决推倒重来,并及时召开现场质量警示教育会,进一步强调、统一质量控制标准。房建工程施工方面采用首个办公室和员工宿舍的装修样板间验收,逐步将"首件制"向附属工程延伸。对首件工程进行及时总结,为施工大规模铺开后工程质量全面受控提供了可靠前提。

3. "1"是率先实施分级到位管控

为确保问题整改管控到位,进一步提升质量管理效果,管理处率先提出针对问题督促整改的分类复查方式,结合问题的严重程度分 A、B、C 三类,由管理处部门副部长或专业工程师以上人员(A)、标段长(B)及监理组长(C)分级负责、分级复查。

(二)仁博项目新博段开展"三创新一推广"活动,强化质量管理

新博段在积极落实"双标"管理基础上,注重全寿命周期成本理念,坚持"微创新、促耐久",强化精细化施工,积极开展"三创新一推广"活动,稳步推进"南粤品质工程"创建工作。

1. 创新管理手段,落实精细管理

管理处积极探讨以往项目质量管理中容易出现的问题及管控薄弱环节,在狠抓隐蔽工程、把控关键工序、严把材料源头、借力信息化系统等多方面创新管理手段,确保质量精细管理落到实处。制订隐蔽工程、关键工序、追踪落实、汇总统计 4 大类台账,狠抓路基基底及涵底处理、填挖交界、"三背"回填、隧道防排水等关键工序和隐蔽工程,形成了业主代表和质量、安全责任人联动工作机制,真正将台账管理落地。

2. 创新工程技术,提升工程耐久

管理处组织各参建单位深入调研、反复试验论证,对质量管理中的技术难点不断创新改进,在预应力张拉压浆、路基填平区功能、边坡防排水优化、桥梁桩基钢筋笼长度检测、预制梁板梁端防开裂、路面改性沥青快速检测方法等方面进行积极探索,通过开展预应力智能张拉、压浆工艺试验,选取效果好、性能可靠的智能张拉、压浆设备,优化张拉、压浆施工工艺,编制《预应力管道压浆施工工作指南》,确保工程耐久性。

3. 创新工艺工法，打造工匠精神

管理处通过制定《创新工艺奖励管理办法》，力求在新工艺、新材料和新设备等方面不断创新，提高工程效率、治理质量通病、保障工程质量。从各参建单位上报的99项创新工艺中评审通过46项，给予各参建单位奖励共555万元，其中隧道合页式二衬钢端模、隧道水压爆破技术等11项工艺在省质监站2017年画册中予以推广，示范引领作用显著。

4. 全面推行新工艺工法，匠心铸造南粤品质工程

一是注重项目内部新工艺新技术的全线推广应用；二是注重省内外成熟工艺工法的收集学习和应用推广，如环切法破桩头、拌和站罐体降温、二级除尘、箱梁内外侧同步养生、梁场移动式雨棚等，开工以来共推广省内外成熟先进工艺48项（不含本项目创新的工艺），有效提升了项目质量管理水平。

二、实行精细化管理

（一）工程管理制度精细化

质量、安全、进度、造价是工程建设管理的四项核心内容，仁新管理处、新博管理处以广东省行业主管部门及交通运输部对工程建设管理的基本要求为根本，贯彻落实公路建设管理五化要求及品质工程建设内涵，制定了工程管理制度作为本项目开展工程管理工作的行动准则和指南，内容涉及行政管理、综合事务、工程质量、进度控制、安全管理、计划合同、征地拆迁、财务管理等。

（二）施工质量管理精细化

工程质量是整个高速公路建设的核心内容，仁博项目以《广东省高速公路建设标准化管理指南》为蓝本，增加交通运输部《高速公路施工标准化指南》部分内容，并结合省内其他项目成熟经验以及本项目实际情况，制定了《广东省仁化（湘粤界）至博罗公路新丰至博罗段施工质量精细化管理手册（试行）》《广东省仁化（湘粤界）至博罗公路仁化至新丰段工程建设标准化管理手册》（包括临建、路基、桥梁、隧道、安全生产共五册）、《广东省仁化（湘粤界）至博罗公路仁化至新丰段工程建设标准化管理图册》（包括临建标准化、施工标准化、安全标准化共三册）一系列质量管理制度、标准化管理手册和图册，并装订成册印发各参建单位贯彻实施，全面贯彻落实施工工序、施工作业标准化管理，同时在过程中适时进行了修编，从制度层面确保"实施有标准、操作有程序"。其中《工程建设标准化管理手册》和《工程建设标准化管理图册》作为施工合同的附件，是施工合同的组成部分。

（三）严控施工方案可行性与落实

仁新管理处、新博管理处制定工程建设质量管理办法，建立质量保障体系，明确设计、监理、施工、试验检测单位的职责与责任。仁博项目高度重视施工组织设计和施工方案审批，建设单位在参建施工单位进场之初即会同监理单位组织对总体施工组织设计进行多次审查，审批后督促其严格贯彻执行；严格落实专项施工方案编制、专家审查论证、监理审批制度，确保技术方案合理可行；全面推行首件验收制，未经首件工程施工总结不得组织大规模施工，并规定在施工过程中，工艺、设备、材料发生变化时，必须重新按程序进行首件验收，为工程质量全面受控提供了可靠前提。通过质量管理多措并举，进一步规范了各参建单位的质量管理行为，使仁博项目主体土建、附属房建、路面工程施工质量均处于受控状态。

（四）推行台账管理

仁博项目新博段制订隐蔽工程、关键工序、追踪落实、汇总统计4大类台账，狠抓路基基底及涵底处理、填挖交界、"三背"回填、隧道防排水等关键工序和隐蔽工程，形成业主代表和质量、安全责任人联动工作机制，落实全员、全过程精细化管理。如路基台阶修筑必须经过施工员、监理员、业主代表现场确认后，才能进行路基填筑。

三、推动信息化管理

仁博项目建设过程中主要应用五类信息管理系统：

办公自动化类：日常行政管理、交通通行能力计算方案（HCS）公路项目建设管理系统、物料验收管控系统，从而提高工程管理效率；

数据自动采集类：拌和站、工地实验室数据监控系统，确保关键数据真实可靠；

现场监控监测类：隧道洞内视频监控、自动测量系统、预制梁场监控、边坡监测等、架桥机安全监控、桩基成孔检测仪、智能化锚下应力检测设备、龙门吊操作人脸识别系统、无人机、内窥镜，从而做到提前预警预判，为安全护航；

施工质量智能监控类：压路机智能监控、预应力孔道智能真空压浆、预应力智能张拉，做到减少主观失误；

智慧物联类：料仓二维码管理、特种设备二维码管理、交通管制App，做到高效溯源。

（一）充分运用信息化质量管理手段

仁博项目利用视频监控系统和数据采集系统，监管施工点、主要拌和站，并进行实时跟进，实现无间断的信息化质量管控。拌和站安装监控及预警系统，系统自动采集生产数据及每盘混凝土配比超差数据，超规范时短信通知责任人；混凝土试块、钢筋原材等样品

信息记录在电子标签中,试验仪器自动识别芯片信息,并自动采集数据、自动上传,结合视频监控,远程追溯试验过程,有效避免人为更改数据的可能性;开发应用料仓二维码管理系统,可识别料仓材料型号、进场材料指标、使用结构部位、材料筛分、使用结构层配合比等信息,按每批次材料检测情况及时更新后台信息,原材料信息公开透明,实现了质量溯源。

(二)创新质量监管手段

利用无人机航拍墩顶、支座垫石、高边坡排水系统等,对日常管理薄弱环节进行辅助质量管控;利用管道内窥镜对隧道初支混凝土的密实性、初支背后空洞等问题进行直观判定,有效减少质量监管死角。

四、强化班组管理

仁博管理中心注重班组专业技能,在与施工单位的合同中对劳务人员的技能以及特殊人员需持证上岗进行约定,进场后除基本考评外,对其进行技术交底和岗位培训,部分合同段每半年后再次培训,每月对施工班组进行安全教育及施工标准化学习。通过现场各项工序严格验收,形成班组自然淘汰机制,对各项检查中存在严重质量问题的班组坚决清场,对相关责任人进行处罚、教育,逐步建立施工班组、员工"优胜劣汰"的忧患意识,努力打造符合品质工程创建要求的高素质工匠队伍。

仁新管理处推行"优秀班组"评比活动,主要对进场施工三个月以上且评比时仍在场的施工班组,按照管理处制定的评比细则每季度开展一次考核评比和奖励。经最终考核认定为"优秀"的施工班组,管理处予以全线通报表扬,颁发"优秀班组"荣誉证书,并给予一定物质奖励。经考核被认定为"不合格"的施工班组,管理处将予以通报批评并要求项目部对其进行限期整顿。各项目部内部设立"标杆工程""优秀员工""先进工班""先进个人"等奖项,定期对施工班组、员工实施奖励,通过竞争和激励机制,激发参建全员的工作热情,营造技能比拼的良好氛围。

第三节 品质创建成效

一、仁博项目仁新段

(一)检查评比

在省质监站2016年度质量安全综合大检查中排名第三;

在省质监站2017年度质量安全综合大检查中排名第一；

荣获广东省2016年度公路水运工程"平安工地"示范项目；

2015—2017年度连续三年被省南粤交通公司评为年度安全生产责任制考核"优秀单位"。

（二）宣传报道

中国交通报进行了《品质仁新拓展粤北山区发展张力》《匠心天工仁新与共》的宣传报道；南方日报进行了《工匠精神铸就仁新品质》及《高标准铸造南粤交通安全生产品牌》的专题报道。

二、仁博项目新博段

（一）检查评比

在省质监站2016年度质量安全综合大检查中排名第二；

在省质监站2017年度质量安全综合大检查中排名第八；

在省厅工程质量管理处2018年度质量安全综合大检查中排名第八。

（二）宣传报道

中国交通报进行了《大美南粤》《以新博久细琢至精》专题报道；

在广州召开的2019年第八届公路建设与养护新材料、新技术研讨会暨广东省新博高速公路品质工程现场观摩会中，就项目品质工程创建情况进行交流和宣传。

三、仁博整体项目

（一）示范申报

2017年仁博项目被省交通运输厅初步遴选为申报交通运输部"品质工程"示范创建项目之一；

2018年仁博项目被省交通运输厅列为广东省第一批"绿色公路"建设典型示范工程创建项目之一。

（二）宣传报道

2017年，在全国公路水运品质工程现场推进会上进行了仁博项目的宣传展示；

中国交通报进行了《南粤出品良心之作——广东仁（化）博（罗）高速公路项目品质工程建设纪实》专刊报道。

第六章

结语

品质工程的实践在路上,品质工程的管理仍将探索前行。

灯塔指引船的每一次扬帆远行。习近平总书记在参加十三届全国人大一次会议广东代表团审议时,充分肯定广东工作并赋予广东新的使命——"在构建推动经济高质量发展体制机制、建设现代化经济体系、形成全面开放新格局、营造共建共治共享社会治理格局上走在全国前列"。

未来,省南粤交通公司将围绕行业发展部局,在交通服务实践中,继续秉持"以客户为中心"的理念要求,对标新时代交通运输发展新标准,继续深化"南粤品质工程"创建目标,持续深化细化各项"品质工程"管理举措,增强服务支撑品质工程的管理能力,着力构建涵盖面更广、更具活力的品质管理体系,努力为高速公路建设管理现代化当好先行,为广东省实现"四个走在全国前列"、当好"两个重要窗口"的目标提供行业支撑。

附录

制度汇编

第一节　广东省南粤交通投资建设有限公司制度汇编

一、公司基本制度

1. 公司章程
2. 董事会议事决策规定
3. 党委会工作规定
4. 党委会议事规则
5. 总经理办公会议事规定
6. 监事会议事规则
7. 党委会议事规则

二、基建管理制度

1. 基本建设管理办法
2. 养护管理办法
3. 建设项目勘察设计管理工作指南
4. 公路工程建设项目招标投标管理办法
5. 公路工程建设质量管理办法
6. 公路工程变更管理办法
7. 建设项目服务管理设施选址工作细则
8. 科技项目管理办法
9. 技术咨询服务管理办法
10. 项目业主代表工作指南
11. 参建单位进场指引（试行）
12. 路面管理工作指南（试行）
13. 高速公路建设项目施工后期交叉作业协调管理工作指南

三、投资经营制度

1. 高速公路项目分段建设管理实施方案
2. 合同管理办法
3. 建设项目合同编码规则
4. 合同及支付管理实施细则

5. 法律事务管理办法

6. 建设项目计量支付管理办法

7. 工程造价管理办法

8. 外聘法律顾问管理办法

9. 在(筹)建项目投资计划管理办法

10. 法律服务中介机构专家库管理办法

11. 工程决算管理规定

四、营运管理制度

1. 所属政府还贷高速公路收费管理办法

2. 所属政府还贷高速公路路政管理办法

3. 所属政府还贷高速公路鲜活农产品运输绿色通道管理办法

4. 政府还贷高速公路营运筹备指南

五、财务管理制度

1. 本部会计政策

2. 所属政府还贷高速公路事业单位会计政策

3. 合并会计政策

4. 全面预算管理办法

5. 资金管理办法

6. 固定资产管理办法

7. 费用开支报销管理办法

8. 所属单位财务监管办法

9. 集中财务管理信息系统人员及基础档案管理办法

10. 财务审计综合考核办法

11. 大额资金管理办法

12. 备用金管理办法

13. 银行账户管理办法

14. 网上银行业务管理办法

15. 存量资金安排办法(试行)

六、监察审计制度

1. 内部审计管理办法

2. 内部审计档案管理办法

3. 建设项目全过程跟踪审计管理办法

4. 经济责任审计管理办法
5. 党风廉政建设责任制实施办法
6. 党风廉政责任制检查考核办法
7. 任前廉政谈话、诫勉谈话和函询制度实施案发
8. 纪检监察工作规定
9. 党风廉政信访信箱、手提电话、电子邮箱管理办法
10. 纪律检查委员会议事规则
11. 政府投资工程建设廉情预警管理办法（试行）

七、人力资源制度

1. 在建单位部门及岗位设置管理办法
2. 营运单位部门及岗位设置管理办法
3. 委派委员（董事、监事）管理办法
4. 人力资源管理办法
5. 员工绩效考核办法
6. 职能部门绩效考核办法
7. 筹建单位绩效考核办法
8. 在建单位绩效考核办法
9. 营运单位绩效考核办法
10. 培训管理办法
11. 员工考勤管理办法
12. 借用人员管理规定
13. 本部薪酬管理办法
14. 本部福利费使用管理办法
15. 企业年金实施方案
16. 社会保险实施办法
17. 住房公积金实施办法
18. 因公出国（境）管理办法
19. 因私出国（境）管理办法
20. 员工行为规范
21. 员工劳动纪律管理办法

八、安全生产制度

1. 安全生产监督管理办法
2. 本部岗位安全生产职责
3. 安全生产责任制考核奖惩办法

4. 安全生产宣传教育培训管理办法

5. 安全生产会议管理办法

6. 安全生产检查及隐患整改管理办法

7. 安全生产责任追究办法

8. "平安工地"及安全生产标准化建设指引

9. 安全生产费用管理办法

九、党工团制度

1. 党建工作制度
2. 基层团组织工作制度
3. 工会工作管理规定

十、综合管理制度

1. 公文处理办法
2. 保密管理办法
3. 印章管理办法
4. 突发事件应急管理办法
5. 综治维稳管理办法
6. 会议管理办法
7. 档案管理办法
8. 新闻宣传工作管理规定
9. 人口与计划生育管理办法
10. 生产经营和业务保障用车及驾驶员管理办法
11. 通信管理办法
12. 办公生活用品管理办法
13. 车辆租赁管理办法
14. 办公设备和用品采购管理办法

第二节 仁博项目仁新段管理制度汇编、工程建设标准化管理手册和图册

根据国家法律、法规和上级规范性文件的要求,结合项目实际情况,仁新管理处组织编写了仁新项目《管理制度汇编》(共五册)、《工程建设标准化管理手册》(共六册)、《工程建设标准化管理图册》(共三册)。具体如下:

一、管理制度汇编（共五册）

1. 第一册　安全生产规章制度汇编
　（1）安全生产会议制度
　（2）安全生产教育培训管理制度
　（3）安全生产费用管理制度
　（4）危险品管理制度
　（5）火工品管理办法
　（6）施工现场消防安全责任制度
　（7）安全生产检查制度
　（8）施工单位项目主要负责人带班制度
　（9）安全生产奖惩制度
　（10）生产安全事故管理制度
　（11）施工安全技术交底制度
　（12）生产安全事故隐患排查治理制度
　（13）特种作业人员管理制度
　（14）施工机械设备安全管理制度
　（15）安全警示标志管理规定
　（16）职业病预防管理制度
　（17）动火管理制度
　（18）劳动防护用品配备和管理制度
　（19）施工用电管理制度
　（20）生产安全事故应急救援制度
　（21）安全生产内业资料管理制度
　（22）安全责任追究制度
　（23）安全风险辨识、评估与分级管控制度
　（24）危险性较大工程管理制度
　（25）平安工地建设评价制度
　（26）劳动用工实名登记制度
　（27）安全生产责任制考核奖惩制度
　（28）"平安班组"建设制度
　（29）专业分包（劳务合作）单位安全履约评价制度
　（30）岗位安全职责
2. 第二册　安全操作规程范本汇编
3. 第三册　工程管理类制度汇编
　（1）工程管理类
　①工程技术管理办法

②勘察设计管理办法
③科技项目管理办法
④设计代表管理办法
⑤工程建设质量管理办法
⑥质量事故处理预案
⑦首件验收实施管理办法
⑧工程变更管理办法
⑨地基换填施工管理办法
⑩桩基终孔管理办法
⑪工程质量举报管理制度
⑫监理管理办法
⑬试验检测管理办法
⑭文明施工与环境保护管理办法
⑮污水控制管理办法
⑯沿线原生苗木移栽实施管理办法
⑰工程项目档案管理考核及奖惩办法
⑱工程项目档案管理办法
⑲工程项目竣工文件编制实施细则
（2）计划合约类
①招标管理办法
②合同管理办法
③进度计划管理办法
④工程计量支付管理办法
⑤统计管理办法
⑥工程延期索赔管理办法
⑦材料供应管理办法
⑧工程造价管理办法
⑨工程造价台账管理办法
⑩法律事务管理办法
（3）征地拆迁类
①征地拆迁管理规定
4. 第四册　综合事务类制度汇编
（1）人力资源类制度
①机构设置及人员编制办法
②人力资源管理办法
③员工绩效考核管理办法
④专业技术人员考核管理办法
⑤职能部门绩效考核办法

⑥福利费使用管理办法

⑦社会保险实施办法

⑧住房公积金实施办法

⑨薪酬管理办法

⑩因公出国(境)管理办法

⑪因私出国(境)管理办法

⑫员工行为规范

⑬员工考勤管理办法

⑭员工劳动纪律管理办法

（2）党群廉政类制度

①党风廉政建设责任制实施办法

②党建工作制度

③党支部委员会议事规则

④工会工作管理规定

⑤团支部工作制度

⑥纪检监察工作规定

（3）综合管理类制度

①公文处理办法

②保密管理办法

③印章管理办法

④会议管理办法

⑤档案管理办法

⑥通信管理办法

⑦人口与计划生育管理办法

⑧办公生活用品、维修和印刷、广告制作服务采购管理规定

⑨食堂管理办法

⑩固定资产管理制度

⑪新闻宣传工作实施方案(修订版)

⑫差旅费报销管理办法

⑬宿舍管理制度

⑭车辆及驾驶员管理规定

（4）安全操作类制度

①消防安全管理办法

②车辆及驾驶员操作规程

③保安操作规程

④厨房操作规程

⑤电工操作规程

⑥技术人员安全操作规程

⑦消防安全操作规程
5. 第五册　财务管理类制度汇编

二、工程建设标准化管理手册（共六册）

1. 第一册　临建设施、人员管理、材料管理标准化管理手册
2. 第二册　路基施工标准化管理手册
3. 第三册　桥梁施工标准化管理手册
4. 第四册　隧道施工标准化管理手册
5. 第五册　路面施工标准化管理手册
6. 第六册　安全生产标准化管理手册

三、工程建设标准化管理图册（共三册）

1. 第一册　工程临建标准化管理图册
2. 第二册　施工标准化管理图册
3. 第三册　安全标准化管理图册